FAKE NEWS

1. Auflage 2021
ISBN 978-3-03876-545-5

Übersetzung:
Dr. Friederike Römhild

Lektorat:
Silvia Bartholl, Claudia Koch

Layout:
Ulrich Borstelmann

Redaktion/Projektleitung:
Gregory C. Zäch

Text:
Mauro Munafò

Illustrationen:
Marta Pantaleo

Die Originalausgabe ist unter dem Titel »Fake News« bei Centauria, Milano erschienen.

Die Deutsche Nationalbibliothek verzeichnet diese Publikation in der Deutschen Nationalbibliografie, detaillierte bibliografische Daten sind im Internet über http://dnb.de abrufbar.

Midas Verlag AG, Dunantstrasse 3, CH 8044 Zürich
kontakt@midas.ch, www.midas.ch, socialmedia: follow »midasverlag«

INHALT

Mauro Munafò

FAKE NEWS

CYBERMOBBING UND INTERNET-HASS

Wie erkennen und wie sich dagegen wehren?

Illustrationen von Marta Pantaleo

MIDAS

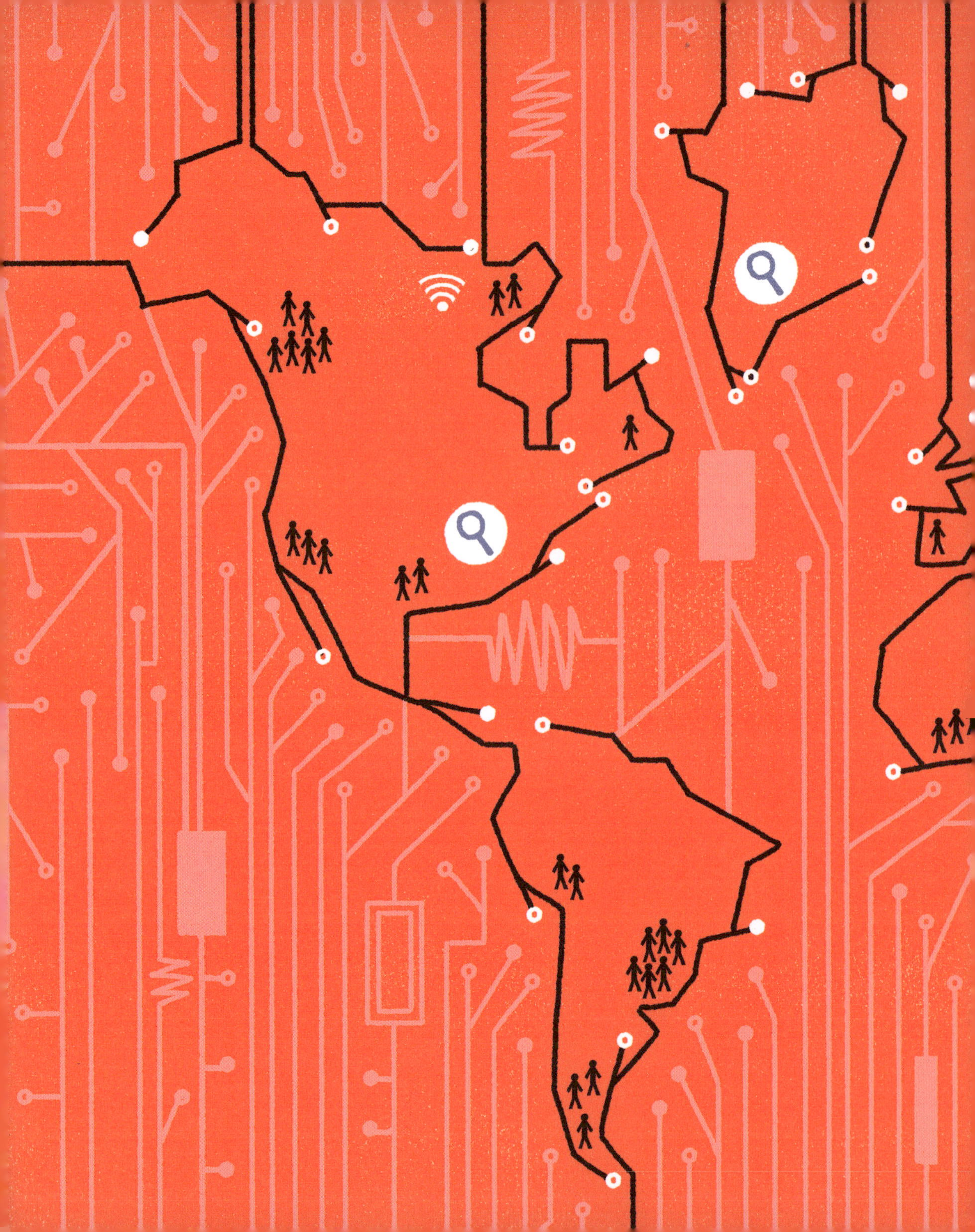

Für Massimo, auf dass er
immer die Wahrheit erfährt.
Danke an Lara fürs Lesen,
Wiederlesen, Korrigieren,
Vorschlagen und Anpassen.

EINLEITUNG

»Die Möglichkeiten, die das Internet bietet, überwiegen bei weitem seine Nachteile. Ohne diese Tatsache zu vernachlässigen, müssen wir dennoch einige der auftretenden Probleme angehen.« Mit diesen Worten beginnt der jüngste UNESCO-Bericht über Hassreden im Netz. Das ist der Ansatz, mit dem das Buch geschrieben wurde, das Sie gerade in den Händen halten.

Es geht nicht darum, eine Technologie zu verteufeln, die unsere Lebensweise revolutioniert hat und uns täglich bequem über das Smartphone einen Zugang zu Wissen verschafft. Obwohl das vor ein paar Jahren noch unvorstellbar war. Sie werden auf den folgenden Seiten keine nostalgischen Reden über die »gute alte Zeit« lesen. Sie werden keine Tiraden darüber ertragen müssen, wie schlecht die neuesten Technologien sind.

Ein Buch mit einer Liste von Dingen einzuleiten, die es nicht enthält, ist vielleicht eine etwas bizarre Art, sich den Leserinnen und Lesern vorzustellen. Doch in diesem Fall ist es notwendig, jede denkbare Mehrdeutigkeit zu vermeiden. Anfang der 90er-Jahre des 20. Jahrhunderts entschied der englische Wissenschaftler Tim Berners-Lee vom Genfer Physiklabor CERN, das Projekt, an dem er bis dahin gearbeitet hatte, der ganzen Welt zugänglich zu machen: das Web. Das Netz, in dem wir heute surfen und das wir nutzen, um auf Webseiten und soziale Netzwerke zuzugreifen, wurde also in einem wissenschaftlichen Umfeld geboren, als ein Mittel zum Austausch von Informationen und von Wissen. Die ersten zwanzig Jahre seines

Bestehens waren Jahre voller Begeisterung, Optimismus, Staunen und in gewisser Weise auch Illusionen – ein bisschen wie die ersten zwanzig Jahre im Leben eines Menschen. Bis in die 10er-Jahre des 21. Jahrhunderts, als das Web »volljährig« geworden war, wurde es von den meisten Beobachtern als eine Technologie gefeiert, die viele Probleme der Menschheit lösen würde. Ihre Risiken wurden unterschätzt, als Einzelfälle analysiert und als übertriebene Sorgen abgetan. Heute, da das Netz fast dreißig Jahre alt ist und damit das reife Erwachsenenalter erlangt hat, offenbart es stattdessen ein entgegengesetztes Panorama, voll von Sorgen, Ängsten und Warnsignalen für bestimmte Phänomene, die sich über das Netz verbreiten.

Dieses Buch will mit Informationen, Daten, Studien und Fakten einige der dunklen Seiten des Internets untersuchen, ein umfassendes Wissen über die gefährlichsten Phänomene vermitteln und Lösungen anhand von Beispielen aufzeigen. Es will bestimmten Dynamiken entgegenwirken, die ungezügelt und völlig außerhalb unserer Kontrolle zu sein scheinen, und so zu einer gesünderen digitalen Umgebung beizutragen.

Fake News, Falschmeldungen, urbane Legenden und Verschwörungstheorien wurden in den letzten Jahren mit der Verbreitung über soziale Netzwerke wie Facebook und Twitter zu einem zentralen Thema im öffentlichen Diskurs so sehr, dass sie als Gefahr für die Demokratie angesehen werden. Eine Sorge, die nicht unbegründet ist: Hinter den meisten Falschmeldungen stecken in Wirklichkeit

bezahlte Propaganda-Kampagnen, mit denen Fake News verbreitet werden, um eine politische Partei zu begünstigen oder ein Land zu destabilisieren. Oder es sind skrupellose Leute, die darauf aus sind, Geld zu verdienen, indem sie andere täuschen und dabei sogar deren Gesundheit gefährden. Nicht weniger dramatisch sind die Schäden, die durch Hassreden und durch Drohungen von Hatern verursacht werden: also Nutzern sozialer Netzwerke, die schlimmste Beleidigungen und Drohungen mit rassistischem, sexuellem oder politischem Hintergrund versprühen. Das geht bis zur persönlichen Verfolgung durch Cybermobbing, mit der vor allem Schüler und junge Menschen auf der ganzen Welt umgehen lernen müssen.
Alle genannten Phänomene sind nicht erst mit dem Internet entstanden, aber sie nutzen das sich ihnen bietende Potenzial und erreichen so eine neue Gefahrenstufe. Behörden, Sicherheitskräfte und jene sozialen Plattformen selbst bereiten verschiedene Gegenmaßnahmen vor, oft mit folgenreicher Verzögerung. Aber der sicherste Weg, sich der dunklen Seite des Netzes zu stellen, besteht darin, sie zu kennen und zu wissen, wie man persönlich agiert. Und genau das ist das Ziel des Buches, das Sie gerade lesen.

»EINE LÜGE IST BEREITS DREIMAL UM DIE GANZE WELT GELAUFEN, BEVOR SICH DIE WAHRHEIT DIE SCHUHE ANZIEHT.«

EIN SATZ, DER WEDER VON MARK TWAIN NOCH VON WINSTON CHURCHILL JEMALS GEÄUSSERT WURDE. ER STAMMT AUS EINER SCHRIFT VON JONATHAN SWIFT, ABER IM INTERNET WIRD ER FÄLSCHLICHERWEISE DUTZENDEN VON HISTORISCHEN PERSÖNLICHKEITEN ZUGESCHRIEBEN.

»ES IST LEICHTER, EINE LÜGE ZU GLAUBEN, DIE MAN TAUSENDMAL GEHÖRT HAT, ALS DIE WAHRHEIT, DIE MAN NUR EINMAL HÖRT.«

ABRAHAM LINCOLN, SECHZEHNTER PRÄSIDENT DER VEREINIGTEN STAATEN VON AMERIKA

ARBEIT MACHT FREI
PROTOCOLLI DEI SAVI DI SION

KAPITEL 1

VOM ANTIKEN GRIECHENLAND BIS ZU HITLER

FAKE NEWS SIND NICHT NEU!

Zu glauben, dass es vor Internet und Social Media keine Fake News gab, ist die erste Falschmeldung, die es zu widerrufen gilt. Die Herstellung und Verbreitung falscher oder irreführender Informationen und der Einsatz von Propaganda gehören seit jeher zu den am meisten genutzten Waffen des Menschen, um Stimmen und Zuspruch zu erhalten, um einen Krieg auszulösen oder ihn zu eigenen Gunsten zu wenden, oder aber um Gegner zu diskreditieren oder sich zu bereichern. Mit der Entwicklung der Technologien haben sich auch die Instrumente der Verbreitung dieser Nachrichten verändert, von Briefen zu Zeitungen, vom Radio zum Fernsehen bis hin zu Internet und Smartphone. Das Wesen ist jedoch geblieben.

Es gibt zahlreiche Beispiele für Hoaxes in der Geschichte. Der griechische Philosoph Theophrast, ein Schüler des Aristoteles, erwähnte sie bereits 300 v. Chr. In seiner bedeutendsten Schrift *Charaktere* beschreibt er den »Erfinder der Falschnachrichten« und schildert seine Techniken: »Seine Reden sind derart, dass niemand etwas finden würde, was man ihnen entgegensetzen könnte [...] Wenn man ihn hingegen fragt: ›Glaubst du uns?‹, wird er antworten, dass die Geschichte bereits in der ganzen Stadt die Runde gemacht hat und alle dasselbe erzählen.« Im antiken Rom verbreitete Oktavian Gerüchte, die seinen Rivalen Marcus Antonius als Alkoholiker darstellten, der wegen seiner Schwärmerei für Kleopatra unfähig sei, vernünftig zu denken. Er wollte so im Kampf um die Macht die Zustimmung der Römer für sich gewinnen.

Die Konstantinspende, ein von der katholischen Kirche jahrhundertelang verwendeter Schwindel, stammt aus dem Mittelalter. Es handelt sich um ein Dokument, mit dem der römische Kaiser im 4. Jahrhundert dem Papst angeblich die Hoheit über andere Kirchen und die Kontrolle über Territorien und Besitztümer in Europa und im Orient überantwortete. Die Schenkung, wahrscheinlich Ende des 8. Jahrhunderts erfunden, diente der Kirche zur Legitimation der weltlichen Macht der Päpste und wurde auch von Dante in seiner *Göttlichen Komödie* zitiert. Ihr Wahrheitsgehalt wurde erst gegen Mitte des 15. Jahrhunderts widerlegt, nichtsdestotrotz benutzten die Päpste sie, um ihre Einmischung auch in Fragen der Entdeckung Amerikas am Ende desselben Jahrhunderts zu rechtfertigen.

Fake News können auch wirtschaftlich motiviert sein. So löste die Falschmeldung von Napoleons Tod im Jahr 1814 gewaltige Finanzspekulationen an der Londoner Börse aus. Die unfassbare Entdeckung von Leben auf dem Mond Mitte des 19. Jahrhunderts stand im Mittelpunkt einer Reportageserie einer Zeitung, die damit ihre Absätze steigern wollte.

Ja, die Zeitungen. Eine wichtige Art von Fake News entstand in New York zu Beginn des 20. Jahrhunderts, als Tageszeitungen mit erfundenen Nachrichten und reißerischen Schlagzeilen um Auflagen und Leser konkurrierten. Die wahre Nachricht vom Untergang des US-Schlachtschiffs *USS Maine* vor der Küste Havannas im Jahr 1898 wurde von diesen Zeitungen skrupellos auf einen Torpedoangriff eines spanischen Schiffes zurückgeführt und beförderte damit ein Klima, das ein paar Monate später zum Spanisch-Amerikanischen Krieg führen sollte. Spätere Untersuchungen haben jedoch gezeigt, dass die *Maine* durch eine Mine oder eine Explosion in ihrem Inneren gesunken ist.

Zu Beginn des 20. Jahrhunderts wurden in Russland die *Protokolle der Weisen von Zion* verbreitet, ein antisemitisches Pamphlet, in dem angeblich jüdische Älteste ihren Anhängern die Techniken zur Machtergreifung durch die Presse, die Wirtschaft und die Regierungen erklärten. Es handelt sich um eine Fälschung, die vermutlich von der Geheimpolizei des Zaren bereitgestellt wurde. Der Text verbreitete sich in kürzester Zeit unter antisemitischen Bewegungen in ganz Europa und der Welt und spielte in der Propaganda Nazi-Deutschlands unter Adolf Hitler eine zentrale Rolle. Die Lüge vom Machtanspruch der Juden über andere Völker prägte das Zeitgefühl zu Beginn des 20. Jahrhunderts und wurde zur Rechtfertigung der Rassengesetze und später für die Einrichtung von Konzentrationslagern genutzt. Die von den Nazis organisierte »Endlösung« kostete schätzungsweise 6 Millionen Juden das Leben. Noch heute zirkuliert dieses falsche Dokument im Internet und nährt in rechtsextremen und islamistischen Kreisen Hass und Blutvergießen.

DIE NOBELPREISE ENTSTANDEN WEGEN EINER FALSCHMELDUNG

Manchmal können Fake News auch zu unerwarteten positiven Konsequenzen führen. Im April 1888 veröffentlichte eine französische Zeitung einen vernichtenden Artikel über den Tod des Erfinders Alfred Nobel. Der Journalist nannte ihn einen »Händler des Todes«, der reich wurde, »indem er einen Weg fand, so viele Menschen wie möglich so schnell wie möglich zu töten«. In Wirklichkeit handelte es sich aber um einen Irrtum, denn sein Bruder Ludwig Nobel hatte das Leben verloren. Alfred Nobel war zu dieser Zeit in der ganzen Welt berühmt, weil er das Patent auf Dynamit und Ballistit besaß, die vor allem im Bergbau benötigt wurden, jedoch auch in der Waffenindustrie eingesetzt werden konnten. Er las diesen Artikel und war bestürzt. Die Angst, von zukünftigen Generationen als Kriegstreiber in Erinnerung zu bleiben, veranlasste Nobel dazu, sein Testament zu ändern und sein gesamtes Vermögen einer Stiftung zu überschreiben, welche die Nobelpreise vergibt. Sie sind auch heute noch die wichtigsten Auszeichnungen für Wissenschaftler aus den Bereichen Physik, Medizin, Chemie und Wirtschaft, aber auch Schriftstellerinnen und Schriftsteller sowie für Menschen, die essentiell zum Frieden beigetragen haben. Sie werden jedes Jahr in Stockholm respektive Oslo verliehen und sind mit ca. 800.000 Euro dotiert.

KAPITEL 2

ZEHN, HUNDERT, TAUSEND FAKE NEWS

WAS DAS IST UND WARUM NICHT ALLE GLEICH SIND

4,5 Milliarden Menschen haben heute Zugang zum Internet. Im Laufe eines Monats nutzen 2,4 Milliarden von ihnen wenigstens einmal Facebook, 2 Milliarden verbinden sich mit YouTube, 1 Milliarde mit Instagram und 300 Millionen mit Twitter, insgesamt also etwa 3,5 Milliarden aktive Nutzer der sozialen Netzwerke. Hinzu kommen 1,6 Milliarden Personen, die die Messenger-App WhatsApp nutzen, und über 1 Milliarde Nutzer des Facebook-Messengers.
Wir könnten noch weitere Zahlen und Statistiken hinzufügen, aber das Bild, das sich ergibt, ist eindeutig: Noch nie in der Geschichte gab es die Möglichkeit, in Echtzeit einfach und schnell mit einer so großen Anzahl von Menschen zu kommunizieren.

Das Internet hat das Konzept der Verbreitung einer Nachricht revolutioniert: Lange dominierte das »Broadcast-Modell« von Fernsehen, Radio und Zeitungen, bei dem ein einziges Zentrum seine Nachricht an eine Masse von Menschen sendet, die nur entscheiden können, ob sie sie empfangen oder nicht. Innerhalb weniger Jahre entwickelte sich das »Netzwerk-Modell«, bei dem jede Person ein Knotenpunkt ist und die Möglichkeit hat, Nachrichten und Inhalte von anderen zu empfangen und für andere zu erstellen. Diese hat den Nutzern noch nie dagewesene Möglichkeiten des Zugriffs auf und des Austauschs von Informationen geboten, aber sie hat auch jenen, die weniger edle Ziele verfolgen, neue Werkzeuge der Manipulation zur Verfügung gestellt. Fake News sind eines dieser Werkzeuge.

Die Debatte über Fake News ist in letzter Zeit sehr hitzig geworden und führt oft zu Verallgemeinerungen, die diesen Begriff zu einem großen »Container« verschiedener Aspekte gemacht haben. Gehen wir daher noch einmal einen Schritt zurück.

Fake News sind falsche Nachrichten oder Geschichten, die über neue oder traditionelle Medien zu unterschiedlichen Zwecken verbreitet werden. Es gibt nicht nur eine Art von Fake News: Die Wissenschaft hat im Laufe der Zeit Parameter und Etiketten zu etablieren versucht, um verschiedene »Ebenen« von Fake News zu unterscheiden. Eine der anerkanntesten Klassifikationen ist die von Claire Wardle, Direktorin der amerikanischen Non-Profit-Organisation First Draft. Wardle argumentiert, dass es richtiger sei, von »Informationsstörungen« statt von Fake News zu sprechen, und schlägt folgende drei Kategorien vor: Fehlinformation (*misinformation*), Desinformation (*disinformation*) und Malinformation (*malinformation*).

Fehlinformationen entstehen, wenn ohne Absicht falsche Nachrichten produziert werden, vielleicht aufgrund eines Missverständnisses oder aus Eile: Man denke zum Beispiel an jene Nachrichten, die sich bei tragischen Ereignissen wie Attentaten überschlagen und Informationen über mögliche Täter oder zur Dynamik von Tatsachen enthüllen, die später widerlegt werden.

Desinformationen umfassen hingegen komplett falsche Nachrichten, die zum Ziel haben, Personen, Organisationen oder Staaten zu schaden: Ein Beispiel ist die Falschdarstellung, wonach Barack Obama in Afrika geboren sei und dann zum Präsidenten der Vereinigten Staaten gewählt wurde, ohne das Recht auf dieses Amt zu haben – eine Desinformation, die auch vom späteren Präsidenten Donald Trump unterstützt wurde.

Malinformationen sind zwar wahre Nachrichten, die jedoch mit dem Ziel verbreitet werden, jemandem zu schaden: beispielsweise die Veröffentlichung von privaten Dokumenten oder intimen Fotos kurz vor Wahlen.

Die Forschung hat die genaue Formel für die Erstellung erfolgreicher Fake News herausgefunden. Erstens muss sie eine emotionale Reaktion hervorrufen, d. h. sofort Gefühle wie Wut, Hass oder Liebe auslösen, um Reaktionen in sozialen Netzwerken wie das Liken oder Teilen anzuregen, die ihre Verbreitung vervielfachen. Zweitens muss sie eine stark visuelle Komponente haben: Unser Gehirn verarbeitet Bilder viel schneller als Texte, deshalb sollten perfekte Fake News durch das richtige Bild präsentiert werden, in Kombination mit wenigen, aber klaren Worten (wie bei »Memes«). Schließlich braucht sie eine starke Botschaft, die fortlaufend wiederholt wird. Repetita iuvant, pflegten die alten Römer zu sagen, um zu erklären, wie wichtig es ist, Begriffe zu wiederholen, damit sie gelernt werden. Schon vor zweitausend Jahren wusste man also Bescheid.

DAS ZEITALTER DES POSTFAKTISCHEN

Die Verbreitung von Fake News hat die öffentliche Debatte tiefgreifend verändert. Sie hat auch die Art und Weise beeinflusst, wie wir Entscheidungen treffen. Das Gewicht von nachweislichen Fakten ist in vielen Fällen zweitrangig geworden gegenüber den Nachrichten, die ausschließlich auf Emotionen und Überzeugungen statt auf Beweisen beruhen. Es spielt keine Rolle, ob eine bestimmte Nachricht wahr ist: Solange sie unsere Vorstellungen bestätigt, halten wir sie für glaubwürdig.

Um diese neue Situation zu beschreiben, wurde der Begriff *Post-Truth* oder Post-Wahrheit (auch das Postfaktische) geprägt. Er entstand in den 1990er-Jahren, hat aber erst kürzlich Eingang in den allgemeinen Sprachgebrauch gefunden, allerdings so weitreichend, dass ihn das *Oxford English Dictionary*, das englische Wörterbuch der Universität Oxford, 2016 zum Wort des Jahres gewählt hat.

Das Postfaktische gilt für viele Bereiche. Der erste ist die Politik: Der Begriff hat im Jahr des Brexit-Referendums und dem Wahljahr Donald Trumps zum Präsidenten der Vereinigten Staaten seine größten Erfolge erlebt, als Fake News im Mittelpunkt der Wahlkampagne standen und absolut falsche Nachrichten Millionen von Wählern erreichten. Nicht weniger katastrophal sind die Auswirkungen im medizinischen Bereich mit der Verbreitung von nicht wissenschaftlichen und potenziell gefährlichen Behandlungsmethoden.

KAPITEL 3

DIE DRECK-SCHLEUDER

WER MIT FAKE NEWS GELD VERDIENT

Wenn man durch die Straßen von Veles spaziert, einer Kleinstadt mit etwa 50.000 Einwohnern in Nordmazedonien, könnte man an alles Mögliche denken, aber nicht, dass man sich in einer der Welthauptstädte der Fake News befindet. Doch genau das ist sie, denn in diesem Balkanstädtchen befindet sich eine der »Fabriken« für Fake News, die in englischer Sprache verfasst und über Facebook in die halbe Welt geschickt werden. Hinter den Hunderten von Portalen, die hier verwaltet werden, mit Namen, die an echte Zeitungen denken lassen, verbergen sich Portale, die ausschließlich mit erfundenen Geschichten gefüllt sind, ad hoc erstellt, um die Aufmerksamkeit westlicher Leser zu erregen. Der Grund für so viel Aufwand ist einfach: Geld.

Diese Fake-News-Portale enthalten Werbung, die mit jedem Klick eine Einnahme für den Betreiber der Seite generiert. Dabei geht es nicht um hohe Summen, zumindest nicht für westliche Länder. Es verwundert deshalb nicht, dass sich solche Unternehmen, die von kleinen Teams junger Leute betrieben werden, in Ländern wie Nordmazedonien ausbreiten. Hier liegt der Durchschnittslohn gerade einmal bei 400 Dollar im Monat. Laut einer CNN-Umfrage waren während der letzten US-amerikanischen Präsidentschaftswahlen mindestens hundert Webseiten aktiv. Mit Titeln wie »Papst Franziskus unterstützt Trump als Präsident« oder »Mike Pence hält Michelle Obama für die ordinärste Frau, die er jemals gesehen habe« generieren diese Portale Hunderttausende von Interaktionen in sozialen Netzwerken und ebenso viele Klicks. Laut CNN berichtete einer dieser Unternehmer, er habe fünfzehn Mitarbeiter und nehme mehr als 2 Millionen Dollar am Tag ein, vor allem mit Nachrichten über Donald Trump, die mehr Klicks als Nachrichten über andere Personen erzeugen.

Der mazedonische Fall ist nur prominentes Beispiel für ein Geschäft, das sich auf der ganzen Welt verbreitet hat. In jedem Land gibt es Webseiten oder Netzwerke, die Falschmeldungen absetzen, um Klicks zu generieren: Ein solches Unternehmen zu gründen, ist günstig und kann auch allein bewältigt werden. Da es sich um eine illegale Industrie handelt, ist es schwierig, ihren genauen Wert zu bestimmen. Laut Schätzung des Global Disinformation Index haben im vergangenen Jahr zwanzigtausend Fake-News-Seiten weltweit nicht weniger als 235 Millionen Dollar kassiert.

Der andere große Akteur bei der Produktion von Fake News ist die organisierte politische Propaganda. Parteien, Regimes und Geheimdienste gehören zu den aktivsten Geldgebern für Fake News, die produziert werden, um konkurrierende Länder zu destabilisieren, politische Gegner zu diskreditieren und das öffentliche Interesse von anderen Themen abzulenken. Laut eines Berichts des Oxford Internet Institute aus dem Jahr 2019 gibt es Beweise für die Existenz von Cybertruppen, die von Parteien und Institutionen in mindestens siebzig Ländern auf der ganzen Welt ausgebildet werden.

Das spannendste Beispiel kommt aus Russland. Die Verbreitung von Desinformationen durch den Geheimdienst des Kremls begann bereits zu Zeiten der Sowjetunion, und die digitale Revolution hat diese Praktiken keinesfalls beendet, im Gegenteil. Schon in den frühen 2000er-Jahren gibt es Berichte über Personen, die ausgebildet wurden, um mit Propaganda in Chats »einzudringen«.

So wurde ein Unternehmen mit Sitz in St. Petersburg, die Internet Research Agency (IRA) 2013 aktiv, um die wichtigsten internationalen Wahlkampagnen zu beeinflussen: Die Agentur beschäftigt mindestens 600 Mitarbeiterinnen und Mitarbeiter und gab etwa 350 Millionen Dollar allein für die Störung der US-Präsidentschaftswahlen 2016 aus. Im Laufe von drei Jahren interagierten über dreißig Millionen US-Amerikaner mit Inhalten, die von der IRA produziert wurden.

Auch die Europäische Union ist nicht immun gegen pro-russische Propaganda: Die Datenbank der East StratCom Task Force, ein von der EU geschaffenes Team zur Überwachung der Desinformationen, listet mehr als 8500 Fälle von Kreml-Propaganda auf, die über soziale Netzwerke in Europa verbreitet wurde.

SATIRE IST EINE SAUEREI

Hinter Fake News stecken nicht immer Hetzkampagnen oder eine Organisation: Manchmal reicht ein Missverständnis. Zum Beispiel bei dieser Schlagzeile: »Kim Jong-un zum ›Sexiest Man Alive‹ gewählt«. Diese Meldung ist nicht wahr. Sie ist nicht einmal eine Falschnachricht. Es handelt sich vielmehr um einen Artikel der US-amerikanischen Satire-Webseite The Onion. Schade nur, dass die Ironie nicht von allen verstanden wurde, und so hat die offizielle Tageszeitung der chinesischen Kommunistischen Partei angesichts der Allianz, die China und Nordkorea verbindet, diese Nachricht als wahr wiedergegeben, begleitet von einer Galerie mit Fotos des nicht wirklich ansehnlichen nordkoreanischen Tyrannen.
Dieser Fall veranschaulicht ein Phänomen, das sich häufig mit Fake News überschneidet: ironische und satirische Artikel. Es gibt Hunderte von Seiten, die sich dieser Form des komischen Schreibens widmen und deren Komik meistens auf der Imitation der Form von Artikeln und Schlagzeilen seriöser Tageszeitungen basiert. Leider erkennen nicht alle diese Ironie, und auch die sozialen Netzwerke helfen dabei nicht: Wer auf seinem Smartphone eine surreale, aber dennoch glaubwürdige Schlagzeile vorfindet, von einem Freund geteilt, kann diese schon mal für die Wahrheit halten. Eine in den USA durchgeführte Untersuchung hat gezeigt, dass viele Menschen (zwischen 10 und 28 Prozent), die mit bestimmten satirischen Schlagzeilen konfrontiert werden, diese Nachrichten für absolut wahr halten. Da gibt es wirklich nicht viel zu lachen.

KAPITEL 4

ZWISCHEN PROPAGANDA UND POLITIK

WIE HOAXES IM WAHLKAMPF EINGESETZT WERDEN

Politiker waren noch nie für ihren Hang zur Wahrheit bekannt. Unerfüllbare Versprechen und der Einsatz von Propaganda für ihre Wahlziele sind Strategien, die überall auf der Welt von Kandidaten und Gewählten genutzt werden. Es verwundert nicht, dass die wiederholte Verwertung von Fake News eines der vielen Instrumente ist, die in der politischen Kommunikation eingesetzt werden.

Während des Brexit-Referendums 2016, der Abstimmung zum Austritt des Vereinigten Königreichs aus der Europäischen Union, war einer der berühmtesten Slogans der Befürworter: »Wir bezahlen jede Woche 350 Millionen Pfund an Europa. Setzen wir sie für unsere

Krankenversicherung ein.« Diese Botschaft wurde als Slogan auf einem Bus angebracht, in jeder Fernsehsendung wiederholt und als Werbespot in sozialen Netzwerken eingesetzt. Aber es handelt sich um einen Irrtum: Das Vereinigte Königreich zahlte keine 350 Millionen Pfund pro Woche an die Europäische Union, sondern etwa 250 Millionen Pfund. Und ein großer Teil des Geldes wurde über EU-finanzierte Projekte an die Briten zurückgegeben. Abgesehen von der falschen Summe ist es unmöglich, die eingesparten Mittel für die Krankenversicherung einzusetzen, weil der Austritt aus der EU Ausgaben mit sich bringt, die die Einsparungen auffressen, und laut zahlreicher Analysen negative Folgen für die Wirtschaft hat – so schlechte, dass sie das Wirtschaftswachstum bremsen und damit die Fähigkeit des Staates, seine Dienstleistungen zu finanzieren, einschließlich der Gesundheitsversorgung. Trotz dieser »Dementis« zeigte eine Umfrage des King's College London 2018 zwei Jahre nach der Abstimmung, dass 42 Prozent der Menschen diese Behauptung auch heute noch für wahr halten.

Ebenfalls aus Europa kommen andere Fälle von Desinformation für politische Zwecke. In Frankreich gingen zwei Tage vor den Präsidentschaftswahlen 2017 vom Wahlkampfteam Emmanuel Macrons zwanzigtausend vertrauliche E-Mails online, teilweise echte und teilweise falsche, um die Ergebnisse an der Wahlurne zu manipulieren.

Die italienische Fünf-Sterne-Bewegung, die am meisten gewählte Partei 2018, hat jahrelang über ihre offiziellen Kanäle auch Webseiten mit Desinformationen lanciert. Sie präsentieren Artikel mit alarmistischen Titeln, um die Klicks von Lesern zu gewinnen. 2019, ebenfalls in Italien, hat Facebook dreiundzwanzig Webseiten mit insgesamt mehr als zwei Millionen Followern geschlossen, von denen die Hälfte zum Vorteil der Fünf-Sterne-Bewegung und der rechtsgerichteten Lega Nord Falschnachrichten verbreitet haben. In Spanien schlossen 2019 Twitter und Facebook ein Netzwerk von dreihundert propagandistischen Webseiten und Profilen mit Beiträgen zugunsten der Volkspartei, einer Mitte-Rechts-Formation. Und das sind nur einige wenige Beispiele.

Wie im vorangegangenen Kapitel bereits erwähnt, scheint die US-amerikanische politische Szene besonders empfänglich für Fake News zu sein. Ein Beispiel: die Nutzung der sozialen Medien durch Donald Trump. Eine umfangreiche Analyse der »New York Times« der über elftausend Tweets, die Trump seit seinem Amtsantritt verfasst hat, ergab, dass »The Donald« im Laufe der Jahre Verschwörungstheorien (in rund 1.700 seiner Tweets) weiterverbreitet hat, ebenso Unwahrheiten über Migranten, Fake News zu Wahlbetrügen, die ihn benachteiligt haben sollen oder zu den Obamas, die ihn illegal abgehört haben sollen.

Die Wirkung von Fake News auf die Politik ist nicht allein Europa und den Vereinigten Staaten vorbehalten. Auch bei den Wahlen in Brasilien 2018, als Hoaxes zugunsten des zukünftigen Präsidenten Bolsonaro auf WhatsApp verbreitet wurden, und in Kenia 2017 zeigten sie Wirkung. In dem afrikanischen Land gaben circa 90 Prozent der Wähler an, eine Falschmeldung gelesen zu haben, die als Nachrichten von Fernsehsendern wie CNN und BBC ausgegeben wurde. Und wer den Namen des Oppositionskandidaten Raila Odinga suchte, erhielt bei Google wochenlang eine Webseite seines Rivalen, voll mit unwahren Informationen und einem Video, das das von Odinga regierte Land im Chaos zeigte – verarmt und in eine Diktatur verwandelt. Sein Rivale hatte einen seiner Mitarbeiter für die Erstellung der Seite bezahlt.

SCHWINDEL NACH MASS

Es reicht nicht aus, politische Fake News zu produzieren, um seine eigenen Ziele zu erreichen: Sie müssen von den richtigen Leuten gelesen werden. Microtargeting-Strategien haben in den letzten Wahlkämpfen massiv an Bedeutung gewonnen, da mit ihnen werbliche oder politische Nachrichten an nur wenige Personen adressiert werden können, die auf Grundlage bestimmter Merkmale ausgewählt wurden. Tatsächlich sammeln die sozialen Netzwerke mehr oder weniger offensichtlich eine große Menge an Daten über uns: Vorlieben, politische Präferenzen, Alter, wirtschaftlicher Verfügungsrahmen, Wohnlage und vieles mehr. Bei sachgemäßer Verarbeitung können diese Daten genutzt werden, um herauszufinden, welche Nachrichten uns am meisten berühren.

Im Jahr 2018 brachte die internationale Presse den Fall von Cambridge Analytica ans Licht: ein Beratungsunternehmen, das widerrechtlich die Daten von über 50 Millionen Facebook-Nutzern erwarb, um diese dann zu profilieren und mit gezielter Propaganda zu »beglücken«. Das Unternehmen, das nach dem Skandal in Insolvenz ging, war in Wahlkämpfen aktiv, vor allem zur Zeit des Brexit und um die Wahl von Donald Trump. Es wurde von Leuten kontrolliert, die dem Milieu der extremen US-amerikanischen Rechten nahestanden. Zu den »Produkten« gehörten auch das Erstellen und der Versand von Fake News an als sensibel geltende Wahlberechtigte, um sie zu einer Stimmabgabe für den Auftraggeber zu bewegen.

NO
VAX
The New York Times
THE LANCET
THE LANCET
NO

KAPITEL 5

AN FAKE NEWS ERKRANKT

VIRUS DER FÄLSCHUNG INFIZIERT MEDIZIN UND GESUNDHEIT

Im Februar 1998 veröffentlichte *The Lancet*, eine der renommiertesten wissenschaftlichen Zeitschriften der Welt, eine Studie, die das Leben Hunderttausender Menschen verändern sollte. In der Untersuchung behauptete Andrew Wakefield einen Zusammenhang zwischen der Impfung von Kindern mit dem trivalenten Impfstoff (der vor Masern, Röteln und Mumps schützt) und dem späteren Auftreten einer autistischen Störung bei einigen von ihnen gefunden zu haben. Damit war der Grundstein für einen der gefährlichsten medizinischen Irrtümer gelegt: Impfstoffe, die Autismus verursachen. Mehr als zwanzig Jahre nach dieser Veröffentlichung wissen wir, dass das absolut falsch war: Wakefield hatte die Kinder nicht zufällig ausgewählt, keine der nachfolgenden Studien konnte die Ergebnisse bestätigen. und es stellte sich heraus, dass Wakefield von Anwälten finanziert wurde, die mit Verfahren gegen Impfstoffhersteller betraut waren. Aus diesen Gründen wurde die Studien zurückgezogen (wenn auch viel zu spät) und Wakefield aus der Ärztekammer ausgeschlossen: Dennoch hat der Schwindel nie aufgehört zu kursieren, und wir können heute sehen, welche Schäden das hinterlassen hat. In den letzten Jahren ist die Impfbereitschaft gesunken, die Maserninfektionen haben zugenommen. In Europa sind sie 2018 im Vergleich zum Vorjahr um 300 Prozent angestiegen und um das Fünfzehnfache im Vergleich zu 2016 (WHO). Allein in Europa starben 2018 allein zweiundsiebzig Menschen an dieser Krankheit, 2017 weitere 110.000 weltweit. Ganz zu schweigen von denjenigen, die bleibende Schäden davongetragen haben, sowie von den Kosten für das Gesundheitssystem, die durch diese Epidemien entstanden sind.

Zwar entstehen Fake News in der Medizin noch bevor sie die sozialen Netzwerke erreicht haben, aber mit Facebook & Co. sind die Möglichkeiten ihrer Verbreitung gewachsen. 2019 wurde in einer Untersuchung der einhundert am häufigsten online geteilten Gesundheitsartikel in englischer Sprache gezeigt, dass etwa die Hälfte falsche oder unvollständige Informationen enthielten, selbst bei führenden Publikationen. Mehr noch: Unter den zehn am häufigsten geteilten Artikeln sind sieben von einem Expertenteam als wenig glaubwürdig bewertet worden. Ein Artikel, in dem es heißt, dass der Verzehr von japanischen Fertignudeln (Ramen) Alzheimer hervorrufen kann, ist weitere 330.000 Mal geteilt worden, und ein anderer, der nahelegt, dass mit Zwiebeln Mittelohrentzündungen geheilt werden können, 320.000 Mal. Es mangelt auch nicht an Artikeln gegen Impfstoffe, die mit Säuglingssterben, Plänen zur Sterilisation der Bevölkerung und anderen düsteren Verschwörungstheorien in Verbindung gebracht wurden.

Wie kann es sein, dass so viele Fake News produziert und verbreitet werden, und das in einem Bereich, in dem eine falsche Meldung schwere Schäden und sogar den Tod bedeuten kann? Zum einen um viel Geld zu verdienen: Ob mit hochpreisigen alternativen Heilmethoden oder mit reißerischen Schlagzeilen, die wissenschaftlich nicht korrekt sind (z. B. die Panik in den Medien angesichts der Corona-Pandemie), viele haben kein Problem damit, die Verzweiflung oder die Ahnungslosigkeit der Patienten und Leser auszunutzen. Eine Untersuchung der BBC hat auf YouTube Dutzende von Videos aufgedeckt, die lächerliche Ratschläge gegen Krebserkrankungen geben wie zum Beispiel das Trinken von Mineralwasser oder Eselsmilch: Videos mit Millionen Aufrufen, von YouTube‘s eigenen Algorithmen vorgeschlagen und begleitet von Werbung internationaler Marken, denen nicht bewusst ist, dass sie mit solchen Inhalten in Verbindung gebracht werden und sie indirekt mitfinanzieren. Aber all das nur auf den wirtschaftlichen Aspekt zu reduzieren, wäre naiv. Wie auch in anderen Bereichen ist die Verbreitung von Hoaxes mit dem geringen Vertrauen eines Großteils der Bevölkerung in die herrschenden Klassen verbunden, die als korrupt und folglich mit ihren Behauptungen als nicht glaubwürdig gelten, mit eingerechnet die Mediziner. Der Gegensatz zwischen den sozialen Klassen durchzieht die Berichterstattungen. Hinzu kommt oft eine gefährliche Mischung aus Gesundheit und »Nostalgie-Effekt«, bei der alternative Methoden als natürlich gelten oder auf eine vermeintliche Volksweisheit zurückgeführt werden. Den Rezepten der Großmutter wird mehr vertraut als denjenigen der Ärzte.

IST DIESES NAHRUNGSMITTEL GUT ODER SCHLECHT?

Kaffee verursacht Krebs? Im Gegenteil, er verhindert ihn sogar. Und ein Glas Wein zu trinken ist gesund? Nein, es ist schädlich! Und Butter? Zucker? Fleisch? Tageszeitungen, Illustrierte und Webseiten warnen uns vor neuen Studien zur Ernährung, die zeigen, wie gefährlich oder gesund Lebensmittel sind. Medien, die sich fortlaufend widersprechen und nur für Verwirrung sorgen. Zum Beispiel die englische Boulevardzeitung *Daily Mail*: Im Laufe weniger Jahre hat sie neunzehn Artikel veröffentlicht, die darauf hinweisen, dass der Genuss von Wein das Risiko für die Bildung von Tumoren erhöht; sechzehn Artikel verkünden genau das Gegenteil. Schwer zu sagen, welcher Behauptung man Glauben schenken soll. Eine Nachforschung aus dem Jahr 2013 mit dem provokanten Titel »Ist alles, was wir essen, mit Krebs verbunden?« hat fünfzig Zutaten nach dem Zufallsprinzip aus einem Kochbuch ausgewählt und nachgewiesen, dass gut vierzig von ihnen Gegenstand von 264 wissenschaftlichen Studien waren, um mögliche Zusammenhänge mit der Entstehung von Krebs festzustellen – in vielen Fällen mit widersprüchlichen Ergebnissen. Die Anzahl der Lebensmittelstudien ist riesig, aber ihre Qualität ist meistens eher fragwürdig. Viele dieser Studien basieren auf sehr kleinen Stichproben und werden von Firmen finanziert, die damit ihre Produkte bewerben. Sie erreichen eine hohe mediale Aufmerksamkeit oder werden von den Medien stark vereinfacht vermittelt. Sie sollten, kurz gesagt, mit äußerster Vorsicht genossen werden, weder mit Alarmismus noch mit übermäßiger Begeisterung.

KAPITEL 6

WENN FAKE NEWS TÖTEN

DIE GEWALT VON FAKE NEWS

Nach Fake News, die der Gesundheit schaden, gibt es nur noch eine finale Grenze: Fake News, die Menschen zu Gewalttaten verleiten und im Extremfall auch zum Töten. Es handelt sich keineswegs um Einzel- oder Sonderfälle, im Gegenteil: In einigen Ländern spricht man von einem regelrechten sozialen Notstand, für den Regierungen und Technologiekonzerne Lösungen zu finden versuchen. Die heftigsten Folgen dieses Phänomens wurden in Indien registriert. Hier findet die Verbreitung von Fake News größtenteils über WhatsApp (seit 2014 im Besitz von Facebook) statt, vor allem dank des Smartphone-Booms in den letzten Jahren. Ländliche Gegenden und von der Grundversorgung abgehängte Dörfer mit oft recht niedriger Bildungsrate wurden dank Internetverbindungen und niedriger Tele-

fonkosten innerhalb kürzester Zeit in die digitale Welt katapultiert. Dieser Zusammenhang sollte nicht unterschätzt werden. Er zeigt, dass eine leistungsstarke Technologie wie der Zugang zum Internet enorme Schäden anrichten kann, wenn man nicht über die kulturellen Werkzeuge verfügt, um mit ihr umzugehen, und nicht in der Lage ist, zwischen dem Wahren und dem Falschen zu unterscheiden.
In Indien wurde mittels Fotos und Videos bei WhatsApp beispielsweise die Anwesenheit von Menschenhändlern und Pädophilen in der näheren Umgebung einiger Dörfer gemeldet: Fake News, die durch das Zusammenfügen von Bildern aus unterschiedlichen Quellen entstanden und zur Lynchjustiz an unschuldigen Menschen führten, die das Pech hatten, zur falschen Zeit am falschen Ort zu sein, »Fremde« also, die den Einheimischen nicht bekannt waren und deshalb der schlimmsten Verbrechen beschuldigt wurden. Laut einiger journalistischer Recherchen wurden zwischen 2017 und 2018 mindestens einunddreißig Personen von wütenden Menschenmengen infolge solcher Falschmeldungen umgebracht. Oder sogar noch mehr: Die Webseite des indischen Nachrichtensenders »News 18« zählte allein im nordindischen Bundesstaat Uttar Pradesh im August 2018 mindestens hundert solcher Vorfälle. Es ist nicht bekannt, wer hinter diesen Aktionen steckt, auch wenn die Absicht eindeutig ist, Angst und Druck werden in einem Land verbreitet, das durch religiöse und ethnische Konflikte ohnehin gespalten ist.
In Nigeria konnte man ähnliche Ereignisse wie in Indien feststellen: Hier verbreiteten sich die tödlichen Fake News hauptsächlich über Facebook, das von 24 Millionen Nigerianern genutzt wird. Eine Studie der BBC hat gezeigt, dass die Verbreitung falscher Bilder in den sozialen Medien im Juni 2018 eine Reihe von Gewalttaten zwischen

Christen und Muslimen in Jos (etwa eine Million Einwohner) ausgelöst hat. Bilder von verstümmelten oder gefolterten Kindern wurden als »Beweise« für wiederkehrende Verbrechen der örtlichen muslimischen Ethnie der Fulani präsentiert. Die Nachricht verbreitete sich und bewegte Protestierende dazu, die Straßen abzusperren und Auto für Auto nach Angehörigen der Fulani abzusuchen. Am Ende wurde etwa ein Dutzend auf brutale Weise getötet: alle unschuldig. Auch in diesem Fall entfachten Fake News einen Brand in einem sozialen Gefüge, das bereits von starken ethnischen Gegensätzen geprägt war.
Die durch Fake News angeheizten Spannungen zwischen den Ethnien erschweren auch den Kampf gegen das Ebola-Virus. Die Impfung kollidierte mit der Verbreitung von Falschnachrichten, denen zufolge das Virus in Wirklichkeit nicht existierte oder sich angeblich erst über die Impfstoffe verbreitete, die von einigen Volksgruppen als Waffe gegen ihre Rivalen genutzt würden. Die weit verbreitete Skepsis gegenüber dem von internationalen Organisationen entsandten medizinischen Personal führte zu bewaffneten Angriffen auf Krankenhäuser; gleichzeitig verbreiteten sich via WhatsApp Nachrichten, die mehr als zweifelhafte Heilmittel gegen das Virus empfahlen, wie Baden und Salzwasser trinken. 2014 starben in Nigeria zwei Menschen an den direkten Folgen solcher Falschmeldungen und zwanzig weitere mussten ins Krankenhaus.

WENN SELBST OPFER AUSGEBEUTET WERDEN

Als ob die durch Fake News verursachten Todesfälle nicht genug wären, gibt es auch viele Beispiele, bei denen der Tod eines Menschen vorgetäuscht, ausgenutzt oder gänzlich erfunden wurde. Das unmittelbarste Beispiel sind die Hoaxes über den Tod Prominenter, die von Webseiten lanciert werden, um höhere Klickzahlen und damit Einnahmen aus Online-Werbung zu generieren. Hinzu kommt die politische Instrumentalisierung von Kriminalfällen: Morde, die absichtlich oder irrtümlicherweise einer ethnischen oder religiösen Minderheit zugeschrieben werden, allein um Wut und Angst für den Wahlkampf zu nutzen. Aber es gibt noch perfidere und komplexere Fälle von Verfälschungen. Im Mai 2019 beschloss eine siebzehnjährige Niederländerin, die an Depressionen litt und missbraucht worden war, ihrem Leben ein Ende zu setzen. Die Nachricht, die Medien in ganz Europa erreichte, wurde durch ein falsches Detail ergänzt: Die junge Frau habe um Sterbehilfe gebeten und diese auch bekommen. In Wirklichkeit jedoch war lediglich der Antrag auf Sterbehilfe (die in den Niederlanden legal ist) gestellt, aber abgelehnt worden. Die falsche Nachricht wurde schnell zum Instrument für die Gegner von Sterbehilfe, sowohl in Ländern, in denen sie legal ist, als auch in Ländern, in denen sie verboten ist, wobei ein Teil der Öffentlichkeit ihre gesetzliche Einführung fordert.

KAPITEL 7

DIE MÄCHTIGEN VERSCHWEIGEN UNS ETWAS

IM GLOBALEN VERSCHWÖRUNGSTUNNEL

Wenn es möglich wäre, eine Rangliste der Fake News und Desinformationen aufzustellen, stünden auf Platz 1 Verschwörungstheorien. Es geht um jene Theorien, denen zufolge die Wahrheit hinter einigen historischen Ereignissen eine andere ist als die offizielle, und die von einer Gruppe von Personen, für gewöhnlich reich und mächtig, geheim gehalten wird. Angeblich beging Hitler keinen Selbstmord, sondern floh nach Argentinien, das Attentat vom 11. September 2001 wurde von der US-Regierung organisiert, AIDS wurde von der CIA erschaffen und es gibt Agenturen, die uns mittels Chemtrails (Giftwolken) von Flugzeugen am Himmel manipulieren. Das sind lediglich ein paar wenige Beispiele der im Umlauf befindlichen Theorien.
Um das Ausmaß des Phänomens zu verstehen, reicht ein Blick auf die Wikipedia-Seite. Sie ist in mehrere Kategorien unterteilt und

jede Theorie wird erläutert. Es kursieren Hunderte, und zahlreiche Umfragen bestätigen, dass Millionen von Menschen sie für wahr halten: Eine Untersuchung der Universität Chicago aus dem Jahr 2014 kommt zu dem Schluss, dass etwa die Hälfte der Einwohner der Vereinigten Staaten an mindestens eine Verschwörungstheorie glaubt. Mit den sozialen Netzwerken haben sich die Möglichkeiten der Verbreitung dieser Fake News stark erweitert. Die Menge und die Komplexität der Verschwörungen können in diesem Buch nicht einzeln widerlegt werden. Es würde auch nicht viel nützen, weil jeder Aufklärungsversuch damit endet, dass man als ein »Agent« der Macht identifiziert wird, der die »Wahrheit verborgen halten will«. Was bei denen, die an Verschwörungstheorien glauben, die Überzeugung stärkt, »unbequem« zu sein und deshalb »richtig« zu liegen. Ein Teufelskreis.

Viel hilfreicher wäre eine Formel, diese Theorien von allein unattraktiver erscheinen zu lassen. Der Physiker David Robert Grimes entwickelte 2016 einen Algorithmus, um berechnen zu können, wie lange es dauert, bis eine Verschwörung aufgedeckt wird. Grimes geht von der Anzahl der involvierten Personen aus, also denjenigen, die das Geheimnis kennen und es für sich behalten sollen: Je höher die Zahl ist, desto kürzer ist die Lebensdauer des Geheimnisses. Der Grund ist einfach: Wenn Tausende wissen, dass der Mensch nicht auf dem Mond gelandet ist, wird es früher oder später jemand nach außen tragen. Vielleicht weil er ein Bier zu viel getrunken hat oder weil ihn Gewissensbisse plagen, gibt er Beweise dafür an die Presse weiter. Grimes' Berechnungen zufolge hätte das Geheimnis über die vermeintliche Mondlandung höchstens drei Jahre und acht Monate standhalten können, bedenkt man, dass in den 1960er Jahren etwa vierhunderttausend Menschen für die NASA gearbeitet haben. Etwas länger könnte eine Verschwörung zum falschen Klimawandel überleben: drei Jahre und neun Monate angesichts der vierhunderttausend Mitarbeiter der wichtigsten Klimaforschungsinstitute der Welt. Damit eine Verschwörungstheorie wenigstens ein Jahrhundert überdauert, so Grimes, dürfen nicht mehr als 525 Menschen an ihr beteiligt sein. Schwer vorstellbar, dass eine so kleine Gruppe von Akteuren Pläne entwickeln könnte, die in der Lage sind, Milliarden Menschen in Schach zu halten. Bleibt zu fragen, warum Menschen an Verschwörungstheorien glauben, obwohl die Beweise, die sie widerlegen, so leicht auffindbar sind. Es gibt verschiedene Gründe aus dem psychologischen sowie sozialen Bereich. Die Theorien liefern oft vereinfachte Erklärungen zu komplexen und umstrittenen Phänomenen und antworten so auf das Bedürfnis unseres Gehirns, die Realität in vertraute Schemata einzuordnen. Es ist einfacher zu akzeptieren, dass Krebs mit geheimen Wundermitteln geheilt werden kann, als einzugestehen, dass wir noch immer keine Medikamente und Behandlungen haben, mit denen wir ihn besiegen können. Und es ist beruhigender zu glauben, dass die einzige Macht, die fähig ist, zwei Wolkenkratzer in der wichtigsten Stadt der Welt zu zerstören, eine Regierung statt einer Gruppe Terroristen sei.

Bereits bei den Fake News im Gesundheitsbereich konnten wir sehen, dass diejenigen, die wenig Vertrauen in Institutionen haben oder glauben, eine Randposition in der Gesellschaft einzunehmen, in diesen Theorien Trost und ein Ventil finden. Denn diese Theorien identifizieren die Mächtigen, die angeblich die Wahrheit verschweigen, als Feinde.

DIE VERRÜCKTESTE VERSCHWÖRUNG DER WELT

In der langen Liste der im Umlauf befindlichen Verschwörungstheorien verdient eine unglaubliche Theorie besondere Aufmerksamkeit. Auf der ganzen Welt gibt es Menschen, die überzeugt sind, die Erde sei nicht rund, sondern eine Scheibe – und dass es eine Verschwörung starker Mächte gäbe, die sich dazu verpflichtet haben, diese Wahrheit zu verbergen. Bei dieser Theorie treffen Hoaxes, die Ablehnung von Wissenschaft und oft auch religiöser Fanatismus (mit der wörtlichen und engen Auslegung biblischer Texte, die selbst von den konservativsten Rändern kirchlicher Kreise aufgegeben wurden) zusammen. In den letzten Jahren erlebt sie auch dank der Verbreitung via Internet und der Unterstützung einiger VIPs ein Comeback. Zwar gibt es nicht viele Anhänger dieser Theorie, aber ihre Existenz zeigt, dass selbst die immense Menge an Beweisen und wissenschaftlichen Studien, von den Demonstrationen der Philosophen des antiken Griechenlands bis zu den Bildern aus dem Weltraum, nicht ausreicht, um die Anhänger vom Gegenteil zu überzeugen. In der jüngeren Geschichte erlebte diese bizarre Theorie ihren größten Erfolgsmoment mit der Mondlandung im Jahr 1969, die den Verschwörungstheoretikern zufolge nie stattgefunden habe. Ein Ereignis, gefilmt und fotografiert, dass jeder Hypothese über die Erde als Scheibe hätte ein Ende setzen sollen, hat den Glauben unter den treuesten Anhängern nur noch verstärkt.

KAPITEL 8

FACT-CHECKING UND DEBUNKING

DIE JÄGER, DIE TÄGLICH HOAXES ENTLARVEN

»Zu jeder Aktion gehört eine gleich große, aber entgegengesetzte Reaktion«, besagt das dritte Newtonsche Gesetz. Ein physikalisches Gesetz, dass sich auch für unseren Diskurs nützlich erweist: Die Explosion der Fake News über die sozialen Netzwerke hat nämlich einen Zuwachs seiner wichtigsten Gegenspieler bewirkt, *Debunking* (das Entlarven von Mythen und Falschnachrichten) und *Fact-Checking* (auch *Faktencheck*, die Verifizierung von Fakten). Diese beiden Begriffe bezeichnen alle Aktivitäten, die darauf abzielen herauszufinden, ob eine Nachricht mehr oder weniger wahr ist, indem Quellen und Beweise transparent gemacht werden und mit denen der

Debunker (Enthüller) eine Nachricht als Hoaxes erkennbar macht. Obwohl Portale zur Aufdeckung von Fake News praktisch gleichzeitig mit dem Internet entstanden (eine der wichtigsten Webseiten in den USA, Snopes, wurde 1994 gegründet), ist die Zahl dieser Initiativen und die ihnen gewidmete Aufmerksamkeit in allen Ländern der Welt exponentiell angestiegen.

Es gibt nicht den einen Typus Debunker: An der akribischen Überprüfung von Geschichten, die im Netz kursieren, sind tatsächlich sehr verschiedene Menschen beteiligt. Blogger, Forscher, Wissenschaftler, Experten oder einfach Interessierte. Wichtiger als das »Wer« ist das »Wie«, also die angewandte Methode. Um jeden Zweifel an der Wahrhaftigkeit einer Nachricht zu entkräften, sind Nachforschungen, genaue Quellenangaben und deren aufmerksames Studium maßgeblich, ebenso wie die Fähigkeit, die Themen zu erläutern, die sich für Laien häufig als komplex erweisen.

Der Faktencheck ist eine der grundlegenden Arbeiten von Journalisten und wird von professionell arbeitenden Reportern in der ganzen Welt praktiziert, aber leider nicht immer und nicht von allen. Es gibt verschiedene Arten von Fake News, und oft sind die Quellen für Falschinformationen genau die Zeitungen, die als seriös und verlässlich gelten. Gründe dafür gibt es viele: der Zeitdruck, unter dem ein Artikel fertig werden muss, das Sich-Berufen auf eine falsche Quelle, die fehlerhafte Interpretation einer Tatsache, die Produktion einer reißerischen Schlagzeile, um Leser anzulocken, oder das Versäumnis, eine Nachricht mit der nötigen Sorgfalt zu prüfen, bevor sie veröffentlicht wird. Unterschiedliche Ursachen also, und leider geben Journalisten, selbst wenn sie mit den Fehlern konfrontiert werden, den Irrtum nicht immer zu. Das führt dazu, dass das Vertrauen der

Leser in das Informationssystem schwindet und die Wahrscheinlichkeit steigt, dass Menschen auf betrügerische und offensichtlich falsche Quellen vertrauen. Sie misstrauen dem Mainstream-Journalismus, der nicht zu seinen Fehlern stehen kann.

Der zunehmende Erfolg von Faktencheck-Projekten und deren steigende Attraktivität bei einem großen Teil der Menschen, die sich online informieren, haben in letzter Zeit dieselben sozialen Netzwerke dazu gebracht, sich dieser Realität zu stellen, um die Qualität der verbreiteten Inhalte auf den eigenen Seiten zu verbessern. Facebook, verantwortlich für den Datenskandal, und Cambridge Analytica, im Zentrum der Polemiken um die mögliche russische Einflüsse auf die US-Wahlkampagnen, hat in einigen Ländern die systematische Einführung des Faktenchecks auf seinen Plattformen und bei Instagram (seit 2012 im Besitz von Facebook) angekündigt. Diese beiden sozialen Netzwerke haben entschieden, das Teilen von Fake News seitens der Nutzer nicht zu unterbinden, aber einerseits die »Viralität« solcher Inhalte (durch die Modifikation des Algorithmus) zu reduzieren und andererseits den Lesern anzuzeigen, dass es sich bei dem betroffenen Inhalt um eine Nachricht oder ein Foto handelt, das von unabhängigen Prüfern als falsch eingestuft wird. Da die Neuerung erst vor Kurzem eingeführt wurde, kann noch nicht beurteilt werden, wie effektiv diese Initiative bei der Reduzierung der im Netz verbreiteten Desinformationen sein wird.

WER BEZAHLT DIE ENTHÜLLER?

Häufig wird derjenige, der sich für das Verifizieren von Informationen oder für die Enthüllung von Fake News einsetzt, verdächtigt, ein bezahlter »Agent« von Mächtigen, von Gegnern eines Politikers oder von ähnlichen Kräften zu sein, die die Wahrheit verdeckt halten wollen. In Wirklichkeit gehen die vielen Faktencheck-Portale und -Experten immer sehr transparent mit ihren Finanzierungsquellen um. Einige werden durch Online-Werbung finanziert, genau wie Nachrichten-Webseiten. Andere bitten zusätzlich oder alternativ zu den Werbeeinnahmen die Leser um Spenden für die Fortsetzung ihrer Arbeit. Es gibt auch gibt auch Konsortien von Fachleuten, die durch Institutionen oder Technologieriesen finanziert werden oder die mit Zeitungen zusammenarbeiten, an die sie ihre Dienste verkaufen. Schließlich gibt es einzelne Fachleute, meist spezialisiert auf ein Gebiet (z. B. den medizinischen Bereich), die sich unentgeltlich an Debunking-Aktivitäten beteiligen, Bücher veröffentlichen oder ihre Bekanntheit nutzen, um an Fernsehsendungen teilzunehmen.

FAKE NEWS
NEWS
NEWS
NEWS
NEWS
NEWS
NEWS
NEWS
FAKE NEWS
FAKE NEWS
NEWS
NEWS
NEWS
FAKE NEWS
NEWS
NEWS
NEWS
NEWS
NEWS
FAKE NEWS
NEWS
NEWS
NEWS
NEWS
NEWS
NEWS

KAPITEL 9

ES IST NICHT WAHR, ABER ICH GLAUBE ES

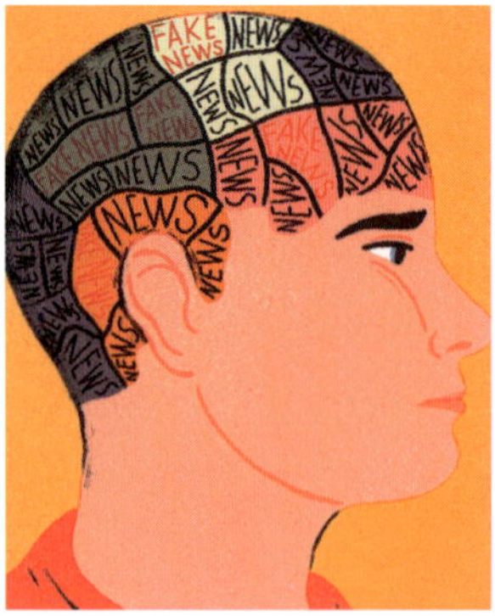

WARUM FAKE NEWS JEDER ÜBERPRÜFUNG STANDHALTEN

Wir haben das Gift der Falschinformation, aber wir haben auch das Gegengift des Faktenchecks: Können wir also beruhigt sein? Ganz und gar nicht! Dem Debunking und dem Kampf gegen Fake News stehen eine Reihe Probleme gegenüber, die mit der Dynamik der Informationsverbreitung im Netz und der Bildung der Gemeinschaft in sozialen Netzwerken verbunden sind. Wir schauen uns das noch detailliert an, können aber es so zusammenfassen: Fake News funktionieren deutlich besser als Artikel, die sie widerlegen; sie erreichen viel mehr Menschen und selbst, wenn es zum Faktencheck kommt, wird dieser oft bewusst ignoriert.

Aber eins nach dem anderen. Der erste Wettbewerbsvorteil der Desinformation ist die Zeit: Fake News werden so produziert, dass sie »viral« werden und somit die Aufmerksamkeit eines breiten Publikums anziehen. Für gewöhnlich sind Fake News »emotional«, das heißt, sie lösen heftige Reaktionen aus, beziehen sich auf berühmte Personen oder auf Phänomene, die wir als wichtig erachten. Fake News können aus wenigen Zeilen bestehen oder sich auf ein Foto mit wenigen Stichworten beschränken: Man kann sie also schnell und ohne große Mühe herstellen. Die Artikel zum Faktencheck sind genau das Gegenteil: Sie werden erst verfasst, nachdem eine Falschnachricht im Umlauf ist, sie sind niemals emotional und appellieren an die Vernunft (ein Aspekt, der die »Viralität« abstraft). Sie liefern präzise Informationen, die in zeitaufwändigen Recherchen zusammengetragen werden. Zwischen der Geburt einer Falschnachricht und ihres Widerrufs können zugunsten der Falschnachricht folglich Tage vergehen. Eine Untersuchung des Media Lab am Massachusetts Institute of Technology zu 120.000 zwischen 2006 und 2017 auf Twitter geteilten Geschichten fand heraus, dass sich eine Falschnachricht im Durchschnitt sechsmal schneller verbreitet als eine wahrheitsgetreue Nachricht: Dieser Wettlauf lässt sich unmöglich gewinnen.

Zweitens müssen wir die Verbreitung untersuchen. Das Internet ist allen zugänglich, aber das bedeutet nicht, dass jeder auf dieselbe Weise mit anderen verbunden ist. Wir alle neigen dazu, uns mit Personen zu umgeben, die in der Realität und online unsere Sichtweisen teilen. Dieses Phänomen wird *echo chamber* (Echokammer) genannt: Unsere Überzeugungen und Ideen werden kontinuierlich durch Gleichgesinnte bestärkt und kollidieren nur selten mit alternativen Sichtweisen. Wenn Fake News oder die Interpretation von Daten erst einmal innerhalb unseres Freundeskreises akzeptiert wurden, ist es unwahrscheinlich, dass sie Elementen begegnen, die sie widerlegen können. Die Echoräume werden zudem durch Algorithmen akzentuiert, die die Sichtbarkeit von Beiträgen in sozialen Medien regeln: Je mehr sie über uns wissen, desto mehr versorgen sie uns mit Inhalten, die zu uns passen. Ein Trend, der zu einer immer größeren Polarisierung der Meinungen führt: Sind wir politisch links orientierte Menschen, sprechen nur mit Linken und visualisieren allein linke Inhalte (dasselbe gilt ebenso für rechts), werden wir weiterhin nur einen Teil der Wirklichkeit sehen und immer stärker bestimmten Arten von Desinformation ausgesetzt sein.

Der letzte Punkt unserer Analyse ist: Auch wenn uns ein Faktencheck erreicht, ignorieren wir diesen häufig. Oft führt er sogar dazu, dass wir unsere Ideen, wie irrational sie auch sein mögen, noch verstärken. Eine italienische Studie von 2017, in PLOS ONE veröffentlicht, hat die Kommentare und Interaktionen von 54 Millionen Nutzern in fünf Jahren auf wissenschaftlichen Webseiten, Seiten von Verschwörungstheoretikern und von Debunkern analysiert. Sie zeigte, dass sich diese »Stämme« nur selten kreuzen, und falls doch, es keine guten Nachrichten gibt. Die »Verschwörer«, die mit überprüften Inhalten interagieren, reagieren aggressiv, gehen in die Verteidigung und verstärken ihre eigenen Überzeugungen. Dieses Phänomen wird als *backfire effect* (oder »Bumerang-Effekt«) bezeichnet und ist von der Art und Weise abhängig, wie wir Informationen generell verarbeiten und ob wir mit Informationen umgehen können, die im Widerspruch zu unserem erworbenen Wissen stehen.

Debunking ist folglich nicht das Allheilmittel gegen alles Schlechte. Es bleibt aber wichtig, um Menschen wahrheitsgetreue Informationen zukommen zu lassen, die nicht eingesperrt in ihrer Echokammer verharren wollen, sondern offen für andere Meinungen sind.

WENN AUCH DAS PROBLEM DER FAKE NEWS ZU EINEM FAKE WIRD

Nachdem wir nun die Grenzen der Faktenchecks gesehen haben, müssen wir eine weitere Frage stellen: Was, wenn auch die »Einflussmacht« der Fake News von Politikern und Medien überschätzt und auf ein Element reduziert würde, das bereits bestehende Überzeugungen verstärkt? Die Frage ist keineswegs banal: Aktuell gibt es nur wenige Studien, die darauf antworten, und das auch nicht eindeutig. Bis heute gibt es keine Belege für die Wirksamkeit von Desinformationskampagnen auf Basis von Fake News, zumindest nicht im Bereich der Politik. 2017 hat eine Gruppe von Forschern mehr als 1.200 amerikanischen Wählern, sowohl Republikaner als auch Demokraten, die Twitter nutzten, einen Fragebogen zu politischen Ansichten vorgelegt. Ein Fünftel von ihnen war mit russischen Propaganda-Inhalten in Kontakt gekommen, die vom IRA produziert wurden. Die Ergebnisse der Studie, die im Oktober 2019 in *Proceedings of the National Academy of Sciences* veröffentlicht wurden, zeigten keine großen Unterschiede zwischen denjenigen, die der russischen Propaganda begegneten, und den anderen. Was nicht bedeuten soll, dass Desinformationskampagnen nutzlos sind: Es ist unvorstellbar, dass so viele Mächtige Millionen in etwas investieren, das ihnen nichts bringt. Allerdings muss man hinzufügen, dass wir, zumindest gegenwärtig, nicht die tiefliegenden Mechanismen der Desinformation vollständig verstehen.

KAPITEL 10

DEEPFAKE, DIE LETZTE GRENZE

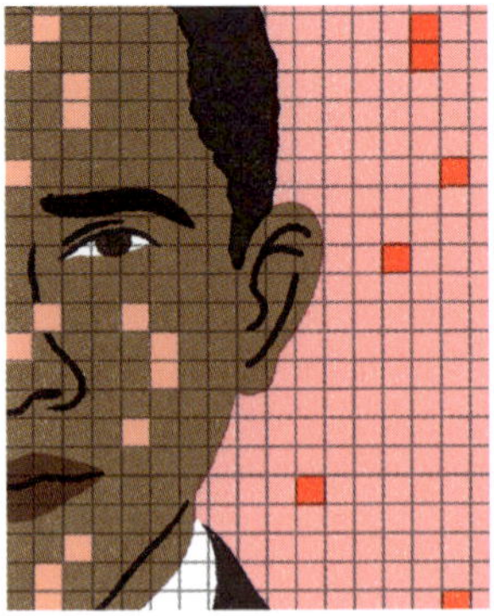

WIR KÖNNEN AUCH VIDEOS NICHT TRAUEN

Ein Artikel kann frei erfunden sein, ein Foto kann mit leicht zugänglichen Programmen verfälscht werden: Es bleibt uns nichts anderes übrig, als Videos zu vertrauen. Oder besser nicht. Denn die neue Grenze der Fälschung liegt im Bereich der bewegten Bilder und wird *Deepfake* genannt: ein sich rasch entwickelndes Phänomen, entstanden Ende 2017, das zu einer der zentralen Bedrohungen für die Zuverlässigkeit von Inhalten geworden ist.
Deepfakes sind mit einer Software produzierte Videos, in denen dank des Einsatzes von künstlicher Intelligenz und automatischen Lerntechniken das Gesicht einer Person durch das einer anderen ersetzt wird, und zwar mit einer unglaublichen Präzision. Die Fälschung ist mit bloßem Auge nicht zu erkennen. Wir sprechen hier also nicht von einer einfachen Manipulation.

Die Möglichkeiten sind mehr oder weniger unbegrenzt: von Politikern, die vermeintlich schockierende Aussagen machen, mit denen man ihre Karrieren ruiniert, bis hin zu Stars, die man in Pornofilmen mitspielen lässt, was sie in Wahrheit nie tun würden. Es ist nicht von Science-Fiction die Rede. Beides hat es bereits gegeben.
Laut des letzten Berichts von DeepTrace im September 2019, dem umfassendsten Bericht zu diesem Thema, kursieren im Netz mindestens fünfzehntausend Deepfake-Videos, und in nur acht Monaten hat sich ihre Anzahl verdoppelt. Der größte Teil ist pornografisch: 96 Prozent der im Internet gefundenen Deepfakes sind X-rated und zeigen berühmte Schauspielerinnen und Sängerinnen, deren Gesichter gegen das von Darstellerinnern in Hardcore-Filmen ausgetauscht wurde.
Die Gründe für diese anhaltenden Produktionen sind hauptsächlich marktwirtschaftliche. Es gibt viele Menschen, die sich wünschen, ihren Lieblingsstar in expliziten Sexszenen zu sehen. Pornografische Seiten, die das Hochladen von Deepfakes erlauben, zählen mehr als 130 Millionen Besucher (die Vereinigten Staaten, Südkorea und Großbritannien sind die Hauptmärkte), und aus jedem Klick resultieren Einnahmen, die mit Online-Werbung verdient werden.
Es ist wichtig zu betonen, dass wir es hier mit einer Form von Gewalt gegen Frauen zu tun haben, deren Image, Ruf und Würde schwer beschädigt werden. Es überrascht daher nicht, dass weltweit die ersten Gesetze zur Bestrafung von Deepfakes und ihrer Produzenten verabschiedet wurden. Leider bedeutet das nicht deren Ende: Die Verbreitung von Programmen zur Herstellung von Deepfakes ermöglicht es, Videos zu produzieren, die gewöhnliche Menschen als Protagonisten zeigen. Videos, die sich über Messenger oder soziale Netzwerke verbreiten, können nicht kalkulierbare Schäden anrichten.

Ein weiterer Anwendungsbereich von Deepfakes ist die Politik. Im September 2019 hat eine der meistgesehenen Sendungen im italienischen Fernsehen ein Video über den ehemaligen italienischen Premierminister Matteo Renzi ausgestrahlt, der gegenüber dem Staatspräsidenten laut wird und die Protagonisten der nationalen politischen Szene heftig kommentiert. Das Video war ein Deepfake und sollte eine Provokation sein, wurde den Zuschauern jedoch nicht eindeutig als solche vermittelt. Viele in den sozialen Netzwerken glaubten, es handle sich um ein Originalvideo. In der Presse blieben Polemiken nicht aus. Zu Demonstrationszwecken gefälschte Filme wurden auch in den USA produziert und betrafen Politiker wie Barack Obama oder Donald Trump. Sie lösten eine Debatte über die Gefahren dieser Informationstechnologie aus.

Damit kennt man sich auch in Gabun aus. Ende 2018 kamen in dem afrikanischen Staat Gerüchte auf, dass Präsident Ali Bongo Ondimba gestorben sei und die Nachricht unter Verschluss gehalten würde. Um diese Gerüchte zu verbreiten, wurde ein Video veröffentlicht, in dem er seine traditionelle Neujahrsansprache hält. Das Video hat jedoch wegen einiger besonderer Details nur weitere Zweifel hervorgerufen. In der Woche nach dessen Ausstrahlung versuchte das Militär, mit einem Staatsstreich die Macht zu ergreifen, indem es behauptete, das gezeigte Video sei falsch. Man ist sich bis heute nicht sicher, ob das Video von Bongo Ondimba ein Deepfake war oder nicht. (Experten machen widersprüchliche Aussagen und es gibt keine geeignete Technologie, um das herauszufinden.) Aber die bloße Möglichkeit, dass es sich um Deepfake handelte, führte zu einem Putsch. Es ist also klar, dass wir es mit einer Technologie zu tun haben, die mit großer Vorsicht zu genießen ist.

WEM UNSER KÖRPER GEHÖRT

Neben dem Missbrauch durch Deepfake gibt es weitere Anwendungsfelder für Technologien, die es ermöglichen, Personen in Videos digital zu ersetzen. Die Filmwelt investiert riesige Summen, und die Ergebnisse sind bereits zu sehen: 2016 spielte der Schauspieler Peter Cushing die Rolle des Gouverneurs Tarkin in *Rogue One: A Star Wars Story*, dieselbe Rolle, die er 1977 im ersten *Star Wars*-Film hatte. Nur: Cushing starb bereits 1994. Sein Auftritt im neuen Film ist also in Wirklichkeit der eines anderen Schauspielers, dem in der Postproduktion die Identität von Cushing aus dem Filmmaterial von 1977 »übergestülpt« wurde. Ein Austausch, der im Kino mit bloßem Auge nicht zu erkennen ist. Es war das erste Mal, dass ein nicht mehr lebender Schauspieler auf diese Weise eingesetzt wurde: Bis dahin wurde eine ähnliche Lösung nur in Notfällen genutzt, um einen Film zu beenden, während dessen Dreh ein Hauptdarsteller plötzlich verstarb (z. B. Brandon Lee in *Die Krähe* oder Oliver Reed in *Gladiator*), oder in einem sehr kurzen Cameo-Auftritt. Doch das ist erst der Anfang: 2020 wurde ein Film mit James Dean angekündigt, der 1955 bei einem Autounfall ums Leben kam. Die Liste der zukünftig wahrscheinlich »Wiederauferstandenen« wird täglich länger. Es gibt aber auch eine wachsende Debatte darüber, wie ethisch es ist, die Gesichtszüge von Menschen, die nicht mehr leben, mit oder auch ohne Zustimmung ihrer Erben zu nehmen, um es für immer in Filmen zu verwenden.

NEWS

KAPITEL 11

FAKE NEWS ERKENNEN UND ENTLARVEN

HANDBUCH FÜR DEN FAKTENCHECK

Fake News werden mit dem Ziel produziert, sich schnell zu verbreiten, wie Viren in einer Epidemie. Einer der Schlüssel zu ihrem Erfolg ist daher, die Personen, die sie lesen, rasch davon zu überzeugen, diese zu teilen. Aus diesem Grund ist es wichtig, Fake News zu erkennen und die Hilfsmittel zu deren Entlarvung zu beherrschen – nicht nur, um Opfern von Desinformationen zu helfen, sondern auch um mögliche »Ansteckungen« zu verhindern.
Zehn Gebote zur Verteidigung:

Ruhig bleiben. In Zeiten sozialer Medien, in denen mit einem Klick in weniger als einer Sekunde eine riesige Leserschaft erreicht wird, kann Abwarten das beste Mittel sein. Fake News nutzen das Gehetze der Menschen und ihre mangelnde Aufmerksamkeit, um von Profil zu

Profil, von Smartphone zu Smartphone zu gehen. Nehmen Sie sich Zeit, um zu prüfen, ob Sie etwas Wahres gelesen haben.

Gehen Sie über die Schlagzeile hinaus. Bei einem Großteil der Artikel, die uns erreichen, lesen wir nur die Schlagzeile, ohne weiterzuklicken und den Rest zu entdecken. Bevor wir unsererseits eine Nachricht teilen, sollte es unsere Pflicht sein, sie vollständig zu lesen und nicht nur einer oft bewusst alarmierenden Überschrift zu vertrauen.

Suchen Sie bei Google. Um Fake News zu enthüllen, genügen oft sogar wenige Sekunden. Das ist die Zeit, die es braucht, um eine Überschrift in eine Suchmaschine einzugeben und zu prüfen, ob unter den ersten Ergebnissen eine Debunking- oder Faktencheck-Seite erscheint, die ihre Glaubwürdigkeit überprüft hat. Tatsächlich landen die am häufigsten geteilten Falschnachrichten schnell im Visier von Debunkern.

Überprüfen Sie, wer schreibt. Jeder kann im Internet eine Webseite eröffnen, aber nicht alle Seiten sind gleichermaßen vertrauenswürdig. Wenn Sie in einem Portal oder auf einer Ihnen unbekannten Seite lesen, suchen Sie nach Informationen über die Seite (im Bereich »Über uns«, im »Impressum« oder in Suchmaschinen). Wenn Sie gar nichts oder nur knappe Informationen finden, ist es fast sicher, dass Sie eine Falschmeldung lesen. Achten Sie auch auf die URL: Häufig imitieren Fake-Portale Namen von großen Zeitungen und tauschen ein oder zwei Buchstaben aus, sodass die Leser den Unterschied kaum wahrnehmen.

Untersuchen Sie eingehend die Quellen. Wer sagt mir, dass das, was ich lese, wahr ist? Werden die Quellen des Artikels gut erkennbar wiedergegeben, idealerweise sogar mit einem direkten Link? Berichten auch andere Zeitungen von dieser Nachricht oder nimmt sonst niemand Notiz von ihr? Je ungenauer die Antworten auf diese Frage bleiben, desto wahrscheinlicher ist es, dass Sie Fake News lesen.

Vorsicht vor zu viel Emotionalität. Fakes News sind immer sehr emotional und versuchen, starke Gefühle hervorzurufen. Wenn Sie einer Schlagzeile begegnen, die eine Reaktion dieser Art in Ihnen auslöst, seien Sie noch vorsichtiger.

Bilder sagen nicht alles. Fake News können auch als Kommentar zu Fotos verbreitet werden, die in einem ganz anderen oder stark veränderten Kontext aufgenommen worden sind. Mit Google Bilder oder mit Reverse Image Search von TinEye.com können Sie herausfinden, woher sie stammen und ob sie schon an anderer Stelle verwendet wurden: Sie könnten so zum Beispiel feststellen, dass ein Foto, das einem Ereignis vor Ihrer Haustür zugeordnet ist, in Wirklichkeit am anderen Ende der Welt aufgenommen wurde.

Prüfen Sie das Datum. Manchmal basieren Fake News nicht auf Desinformationen, sondern auf alten Nachrichten, die erneut in Umlauf gebracht werden, um für Aufregung zu sorgen oder jemandem zu schaden. Gerichtliche Ermittlungen, die in einer Sackgasse endeten, oder Aussagen, die später dementiert wurden, sind Beispiele für wahre, aber überholte Nachrichten, die ebensoviel Schaden anrichten können wie Fake News. Überprüfen Sie also immer das Datum eines Zeitungsartikels.

Achten Sie auf Satire. Sicher, oft übersteigt die Realität unsere Fantasie. Aber eine Schlagzeile, über die eigentlich gelacht werden soll, kann manchmal missverstanden werden und die Leser glauben am Ende, dass es sich um eine wahre Nachricht handelt.

Wenn Sie nicht sicher sind, teilen Sie nicht. Haben Sie alle oben genannten Gebote befolgt, aber es gibt immer noch etwas, was Sie nicht überzeugt? Nun, im Zweifel sollte man die Nachricht nicht verbreiten.

WO SIE DIE BESTEN BEISPIELE FÜR EINEN FAKTENCHECK FINDEN

Der beste Weg zu verstehen, wie Fact-Checking funktioniert, ist, ein konkretes Beispiel zu beobachten. Die Zahl der Webseiten, die sich mit der Überprüfung von Informationen beschäftigen, hat in den letzten Jahren zugenommen. Um sich einen Eindruck davon zu machen, empfiehlt sich ein Besuch des Portals International Fact-Checking Network (IFCN). Hier handelt es sich um ein internationales Netzwerk von Projekten, das seit einigen Jahren aktiv ist. Aktuell gehören über siebzig Webseiten zu diesem Netzwerk und weitere neun warteten auf die Aufnahme: von Südafrika bis Indien, von Argentinien bis zur Türkei, von den USA bis Deutschland, die Beispiele stammen aus allen Teilen der Welt. Dank der präzisen und restriktiven Parameter, die von den Anhängern eingehalten werden müssen, um Mitglied zu werden, ist das IFCN heute ein fester Referenzpunkt für die Überprüfung von Nachrichten. Die Organisationen sind verpflichtet, ihre Finanzierungsquellen und ihre Eigentumsstruktur transparent darzulegen, für jede Art von Nachricht, die sie überprüfen, die gleiche Methodik zu gewährleisten und im Falle von Fehlern oder neu gewonnen Informationen eine schnelle und eindeutige Korrektur sicherzustellen – konstant und nicht nur sporadisch. Eine Reihe von Beschränkungen, die übertrieben erscheinen mögen, räumen jeden Zweifel an der Unparteilichkeit des angebotenen Dienstes aus und erhöhen das Vertrauen der Nutzer in die bereitgestellten Informationen.

KAPITEL 12

HASS IM NETZ

»HATER« EROBERN SOZIALE NETZWERKE

Hass existiert, seit es Menschen gibt. Das Gefühl von Neid und Angst gegenüber anderen, eine Angriffsmethode gegenüber einer als gefährlich empfundenen Gesellschaft, Vorurteile gegen alles, was wir nicht vollständig verstehen können: Die Definitionen und die Gründe für diese menschliche Eigenschaft sind vielfältig. Zu glauben, man könne Hass fernhalten vom Internet und den sozialen Netzwerken, ist reine Utopie. Wir können jedoch versuchen, besser zu verstehen, wie sich dieses Phänomen mit neuen Technologien entwickelt und wie wir gegensteuern können.

Jede Hassrede im Netz, auch *Hate Speech* genannt, funktioniert auf zwei Ebenen, wie die Untersuchungen von Jeremy Waldron, Dozent an der New York University School of Law, zeigen. Die erste bezieht sich auf die Kategorie des Angriffs und zielt darauf ab, andere zu entmenschlichen und zu demütigen. Dazu gehört etwa die Unterlegenheit einer ethnischen Gruppe gegenüber einer anderen aufrechtzuerhalten, die Anhänger einer bestimmten Religion zu bedrohen oder Frauen und ihre Fähigkeiten herabzusetzen. Die zweite Ebene besteht darin, andere Menschen mit ähnlichen Gedanken wissen zu lassen, dass sie nicht allein sind, dass sie keine Angst haben müssen, ihre Ideen zu offenbaren, und dass es eine Gemeinschaft gibt, die ihre Denkweise teilt. Hass steckt wie eine Krankheit an und breitet sich über digitale Kanäle aus, die perfekte Wegbereiter für Propaganda jeder Art sind.

Die Verbreitung von Hass wird bei den Betreibern der Plattformen natürlich nicht gern gesehen. Das Geschäftsmodell von Facebook, Twitter, YouTube und allen anderen sozialen Netzwerken basiert aber auf der Zeit, die wir mit deren Nutzung verwenden: Je ausgedehnter und länger wir uns dort bewegen, desto mehr erfahren die Betreiber über uns und können unsere Profile mit personenbezogenen Daten anreichern und somit »passgenauere« Werbung zuweisen. Niemand hält sich gern an Orten voller *Hater* auf, und deshalb richtet Hate Speech auch einen ökonomischen Schaden für die Konzernriesen an, die sich einerseits für den Kampf gerüstet haben, andererseits aber auch davon profitieren, wenn möglichst viele Menschen viel Zeit auf ihren Plattformen verbringen.

Die Nutzungserklärungen, die wir beim Anlegen eines Accounts unterschreiben (meist ohne sie zu lesen), verbieten immer ganz explizit jede Art von Nachricht, die andere Nutzer verletzt, diskriminiert oder zu Gewalt aufruft. Die Strafe ist in der Regel eine Sperre, ein vorübergehender oder dauerhafter Ausschluss aus dem jeweiligen sozialen Netzwerk. Die Einhaltung dieser Regeln ist aber gar nicht so einfach zu kontrollieren. Laut einer jüngsten Statistik werden alle 60 Sekunden allein bei Facebook 510.000 Kommentare, 293.000 Statusmeldungen und 140.000 Fotos gepostet. Hier sicherzustellen, dass keiner dieser Inhalte Hass verbreitet, bleibt eine immense technologische Herausforderung, die es zu bewältigen gilt, sei es mithilfe von algorithmischer Kontrolle oder durch Teams von echten Moderatoren.

Es gibt aber noch einen weiteren Aspekt, der nicht weniger heikel ist: Der Kampf gegen Hate Speech muss immer die Meinungsfreiheit der Menschen achten. Den Gebrauch bestimmter Begriffe zu verbieten oder alternative Wörter zu schwärzen, kann eine notwendige Zensur sein, aber sie sollte nicht oberflächlich und übereilt geschehen. Die Entscheidung darüber, was gesagt werden darf und was nicht, sollte nicht den kommerziellen Plattformen überlassen werden, denn dies kann zu besorgniserregenden Szenarien in der demokratischen Debatte führen. Auch in dieser Hinsicht ist ständige Wachsamkeit gefragt, denn es gilt der Versuchung zu widerstehen, einen »Polizeistaat der Wörter« auszurufen oder zu restriktive oder libertäre Gesetze einzuführen. Um in schweren Fällen eine schnelle Intervention zu ermöglichen, arbeiten viele soziale Netzwerke auf lokaler Ebene mit Polizeikräften und aktiven Organisationen im Kampf gegen Gewalt im Netz zusammen. Genau diese Vereine, die mit unterschiedlichen Namen und in verschiedenen Formen in allen Ländern präsent sind, sind die ersten, die Bildungsprogramme für eine gesunde Nutzung des Internets fördern. Es wird wird nie eine Technologie geben, die präzise genug ist, um die Gewalt von Wörtern zu beseitigen, oder ein so wirksames Gesetz, das die Übeltäter bereits an den Tasten zähmt. Allein der Zustand unserer Kultur und der umsichtige Gebrauch eines so mächtigen Instruments wie das Internet können das digitale Umfeld entgiften, in dem wir uns bewegen.

DIGITALER HASS WIRD REAL

Einer der gefährlichsten Mythen über Hassreden im Netz ist, dass dieses Phänomen auf die digitale Welt begrenzt ist. Es ist naiv anzunehmen, soziale Netzwerke als »Ventil« für die eigenen schlechten Gefühle zu nutzen, hätte keinerlei Konsequenzen für die Realität. Untersuchungen aus verschiedenen Ländern deuten auf einen direkten Zusammenhang zwischen Hassreden im Netz und zunehmender Gewalt in der Realität hin. Die Forscher Karsten Müller und Carlo Schwarz der Universität Warwick haben herausgefunden: In Deutschland ist in Regionen mit einer höheren Nutzung der sozialen Netzwerke und in Wahlperioden ein spürbarer Anstieg von Gewaltfällen gegen Flüchtlinge und Asylbewerber zu verzeichnen, denn dann ist die fremdenfeindliche Propaganda rechtsextremer Gruppierungen am intensivsten. Eine Studie des HateLab der Universität Cardiff kartierte acht Monate lang in London verfasste Tweets mit rassistischen Beleidigungen und verglich sie mit Polizeidaten zu Verbrechen gegen ethnische und religiöse Minderheiten. Auch hier wurde eine direkte Verbindung gefunden. Außerdem, so die Forscher, sei es sogar möglich, dem Anstieg der Kriminalität in bestimmten Bereichen vorzubeugen, indem Hassreden im Internet mit entsprechenden Tools und Algorithmen überwacht werden.

KAPITEL 13

DER PROFESSIONELLE HATER UND DER VON NEBENAN

UNTERSCHIEDLICHE DIGITALE »HATER« UND IHRE ZIELE

Online-Hater sind nicht alle gleich. Wer seine verbale Gewalt in sozialen Netzwerken oder in anderen digitalen Kanälen ablädt, kann verschiedene Gründe dafür haben oder unterschiedliche Ziele verfolgen. Sicher ist aber, dass wir es mit einem weitläufigen Phänomen zu tun haben: Laut einer Umfrage des Eurobarometers von 2016, an der die Bevölkerung von 27 europäischen Staaten beteiligt war, haben drei von vier Nutzern sozialer Netzwerke angegeben, Beleidigungen und verbale Angriffe gegen Journalisten, Blogger und andere bekannte Leute gelesen oder gehört zu haben. Etwa die Hälfte von ihnen wollte sich wegen des Tons und Vokabulars nicht länger an der Diskussion beteiligen.

Im Prinzip lassen sich Hater in zwei große Kategorien einteilen: die spontanen und die organisierten Hater. Achtung: Es handelt sich nicht um zwei getrennte und voneinander unabhängige Welten, aber beide stecken einander an, überschneiden sich und nähren sich gegenseitig.

Zu den organisierten oder professionellen Hatern gehören auch all jene, die an geheimen Strukturen teilnehmen oder sie geschaffen haben, um ihre Angriffe zu koordinieren. Zum Beispiel die Aktivisten einer Partei oder die Anhänger eines Anführers: Wenn mehr oder weniger explizit ein Ziel angegeben wird, überfällt diese »digitale Armee« das erklärte Opfer mit aggressiven und bedrohlichen Nachrichten, einem sogenannten *Shit Storm* (Sturm heftiger Kritik). Eine besonders effektive Strategie, weil sie in der Regel auf die ungleich verteilten Kräfte setzt: Denken Sie an einen Minister, der sich mit einer Boulevardzeitung oder einer Organisation anlegt, die ihn kritisiert hat und online Tausende von Menschen aktivieren kann. Das Opfer wird sich als Einzelperson kaum angemessen verteidigen können und fühlt sich sich daher allein gegenüber einem digitalen Exekutionskommando. Diese Art von Kampagne kann echte Personen mit Vor- und Nachnamen, anonyme Profile oder Bots und automatisierte Systeme verwenden, die viel Schaden anrichten können. Das ultimative Ziel kann sein, die Stimme Andersdenkender abzustrafen, den Ruf von Menschen zu ruinieren, sie einzuschüchtern und die öffentliche Wahrnehmung eines Ereignisses zu verändern (»wenn so viele Menschen diese Person beschimpfen, dann haben sie vielleicht recht«). Es gibt viele Beispiele für ähnliche Kampagnen: Der russische Staat bezahlt die *Troll-Armee* oder *Putinbots* für Manipulationen im Internet, die chinesische Regierung finanziert die *50 Cent Army*, um Andersdenkende anzugreifen und die Aufmerksamkeit auf die von der Führungsriege ausgewählten Themen zu lenken, bis hin zu den Aktivisten der aggressivsten Parteien im Abendland, die digital organisierte Guerillastrukturen aufbauen. Wie so oft bewegt sich das alles in einer Grauzone zwischen Belästigung und Diffamierung (vom Gesetz sanktioniert) und Meinungsfreiheit (vom Gesetz geschützt). Wegen dieser fließenden Grenzen ist es häufig sehr schwierig, die Auftraggeber anzuzeigen.

Dann gibt es noch die Kategorie der spontanen Hater. Menschen, die ihrer täglichen Arbeit nachgehen und sich soweit normal verhalten, aber irgendwann an der Tastatur ihre ganze Wut rauslassen. Das sind die Hater von nebenan. Wegen bohrenden medialen Kampagnen aggressiv und von Vorurteilen überzeugt, gehören zu ihnen oft ältere Menschen und Menschen mit einer eher dürftigen Netzkultur. Ein Beispiel, das für viele steht: 2018 wurde in Italien der Staatschef Sergio Mattarella Zielscheibe von Online-Attacken wegen seiner Entscheidung zur Bildung einer neuen Regierung. Eine sechzigjährige Frau schrieb auf Facebook: »Sie haben deinen Bruder umgebracht, verdammt noch mal. Reicht dir das nicht?«, in Anspielung auf den Mord an einem seiner Verwandten durch die sizilianische Mafia. Nachdem sie von der Polizei aufgefunden wurde, erwachte die Frau aus ihrem Hass und begriff, was sie da geschrieben hatte. Ihre Aussagen vor den Beamten wirkten fast wie ein Manifest der Hassredner, unfähig, die Tragweite der eigenen Worte zu verstehen: »Ich habe mich dummerweise anstecken lassen. Ich, die ich Mutter, Großmutter, Liebhaberin von Malerei und Tieren bin. Ich bin ein impulsiver Mensch und gehöre zu der Generation, die sicher nicht aus Tastaturgenies besteht.«

JAGD AUF DIE ARMEE DES HASSES

Wer sind diese Hater, wie leben sie, warum verbreiten sie so viel Hass im Internet und ist ihnen bewusst, was sie tun? Das hat sich der norwegische Fotograf und Regisseur Kyrre Lien, Autor des Dokumentarfilms *The Internet Warriors* (2017), gefragt. Nachdem er Zigtausende rassistische, homophobe, sexistische, antisemitische und islamfeindliche Nachrichten gelesen hatte, suchte Lien einige ihrer Autoren auf und reiste drei Jahre um die Welt, um sie zu treffen: in Großbritannien, den USA, in Norwegen, im Libanon und in Russland. Er wollte ihre Gedanken kennenlernen und verstehen, was für Menschen sie waren. Dank seiner Arbeit, die auf den Seiten der britischen Zeitung *The Guardian* online kostenlos zu lesen ist, entstand ein Bild mit tausend Widersprüchen und von unglaublichem soziologischem Wert. Da gibt es den englischen Arbeiter, der gegen Migranten wütet, aber mit einer Thailänderin verheiratet ist, ein älteres russisches Ehepaar, das Angst davor hat, dass Homosexuelle ihre Heimat zerstören könnten. Und schließlich trifft er den norwegischen Verkäufer, von der Notwendigkeit überzeugt, zur Kolonialisierung Afrikas zurückkehren zu müssen, um den Islam einzudämmen, der aber, nachdem er einen muslimischen Jungen kennengelernt hat, alles bereut, was er in der Vergangenheit geschrieben hat.

KAPITEL 14

DER MOBBER GEHT IN DEN CYBERSPACE

MOBBING HAT GELERNT, DIGITALE INSTRUMENTE ZU NUTZEN

Ein Problem in unserer Gesellschaft und ein Symbol für viele ihrer Widersprüche ist Mobbing. Der Begriff, der uns heute so selbstverständlich erscheint, ist in der Tat viel jünger, als man denkt: Er verbreitete sich in den 1980er-Jahren dank einer Reihe skandinavischer Studien. Das bedeutet jedoch nicht, dass es das Phänomen davor nicht gab. Dennoch wurde das Problem von Eltern und Lehrern lange unterschätzt, weil sie irrtümlicherweise glaubten, dass auch die Gewalt zwischen Kindern und Jugendlichen Teil ihrer Entwicklung sei und sich Eltern deshalb nicht einmischen sollten. Leider gibt es auch im Fall von Cybermobbing eine gewisse Tendenz der Verharmlosung, was im Lauf der Zeit zu schweren und anhaltenden Schäden führt.

Aber gehen wir einen Schritt zurück, um zu klären, wovon wir eigentlich sprechen. »Traditionelles« Mobbing ist ein absichtlicher und im über eine längere Zeit wiederholter Gewaltakt seitens eines jungen Menschen, fast immer minderjährig, gegenüber einem Jüngeren oder Gleichaltrigen. Diese Gewalt kann sich auf drei Arten manifestieren. Es gibt die körperliche Gewalt, die mit Schubsen, Ohrfeigen beginnt und dann mit Faustschlägen, Tritten und Schlägen endet. Oft geht es gar so weit, Menschen rituellen Folterungen zu unterwerfen: Ein Beispiel ist das *Waterboarding* neuer Mitschüler auf den Schultoiletten. Dann gibt es natürlich die verbale Gewalt, die sich in Beschimpfungen oder beleidigenden Spitznamen zeigt, die ein körperliches Merkmal (Größe, Gewicht, Haarfarbe, ethnische Zugehörigkeit) des Opfers herauspicken und gegen dieses wenden. Schließlich gibt es die Beziehungsgewalt, verbunden mit dem Ausschluss aus bestimmten Gruppen und dem Verbreiten von Gerüchten und Klatsch. Bei traditionellem Mobbing findet all das an Orten statt, die vom Mobbenden und seinem Opfer häufig besucht werden: Schule, Internat, Turnhalle.

Beim Cybermobbing finden wir viele Charakteristika des klassischen Mobbings, aber auch einige entscheidende Unterschiede. Vor allem entfällt die hier echte körperliche Gewalt: Digitale Mobber nutzen verbale Gewalt und Beziehungsgewalt. Statt der Mund-zu-Mund-Propaganda werden die neuen Kommunikationskanäle auf Distanz genutzt: Chats, Foren, soziale Netzwerke, Messenger. Mit diesen Tools müssen sich Mobber und Opfer nicht länger am selben Ort befinden, und das Opfer kann überall und zu jeder Zeit angegriffen werden: Im Unterschied zur Schule ist das Internet nämlich nie geschlossen. Der Cybermobber kann außerdem anonym seine Zielperson schikanieren oder im Verborgenen agieren, sein Opfer in Unwissenheit lassen, so-

dass es nie herausfindet, warum die Menschen in der Umgebung ihr Verhalten verändern haben oder das Opfer meiden.
Die gemeinnützige Organisation gegen Mobbing Ditch the Label führte unter zehntausend Jugendlichen eine Umfrage durch, anhand der ein Ranking der am meisten genutzten Methoden der Cybermobber aufgestellt wurde: das Senden von gewalttätigen, privaten Nachrichten, die Verbreitung von Klatsch und Tratsch, grausame Kommentare, die im Profil abgesetzt oder unter Fotos geschrieben werden, das Teilen von peinlichen Videos. Das gipfelt in der Offenlegung von privaten Informationen und der Meldung des Profils an die Administratoren der Social-Media-Kanäle, damit es aus irgendeinem Grund gelöscht wird – die Online-Präsenz eines Menschen »zu vernichten«, ist ebenfalls ein Akt der Gewalt.
All dies zeigt, dass das Ausbleiben körperlicher Schäden Cybermobbing nicht weniger gefährlich macht, sondern nur noch schwieriger zu bekämpfen. Nicht zuletzt, weil Mobbing und Cybermobbing parallel ausgeübt werden und ein Opfer sowohl persönlich als auch digital belästigen können. Nicht zu unterschätzen ist auch die Bedeutung der Beobachter. Fast immer handelt es sich bei Mobbing und Cybermobbing um Ereignisse, denen Dritte beiwohnen, bei denen der Mobber oft Anerkennung und Aufmerksamkeit sucht. Die Art und Weise, wie Beobachter reagieren, kann einen großen Einfluss haben. Sich mit der mobbenden Person zu verbünden, aus Angst zu schweigen oder das Opfer zu isolieren, verschlimmert die Lage mit Sicherheit. Das Beobachtete zu melden oder das Opfer zu unterstützen, indem man es davon überzeugt, über die Ereignisse zu sprechen, kann hingegen zu einer Lösung des Problems führen.

EIN ALBTRAUM AUF DER GANZEN WELT

Cybermobbing ist ein überall auf der Welt zunehmendes Phänomen, das Hand in Hand mit dem Zugang zu neuen Kommunikationskanälen geht. Es spielt sich oft im Untergrund ab, weil das Opfer aus Angst vor weiteren Vergeltungshandlungen den Täter oder die Täterin nicht anzeigt. Es ist daher auch nicht einfach, präzise Daten über das Ausmaß von Cybermobbing zu erhalten.

In einer 2018 durchgeführten Umfrage des Marktforschungsunternehmens Ipsos in achtundzwanzig Ländern mit mehr als zwanzigtausend Interviews gaben zwanzig Prozent der Eltern an, dass eines ihrer Kinder Opfer von Cybermobbing ist oder war. Diese Zahlen sind gegenüber einer früheren Umfrage aus dem Jahr 2011 gestiegen. Laut dieser Studie sind bei zwei Drittel der Fälle soziale Netzwerke der bevorzugte Kanal für digitales Mobbing.

Eine interessante Studie von UNICEF zeigte 2019 jedoch, dass Cybermobbing alle Nationen betrifft, nicht nur die mit einem höheren Durchschnittseinkommen: Die Untersuchung des UN-Kinderhilfswerks in dreißig Ländern Asiens, Afrikas und Südamerikas ergab, dass im Schnitt jeder dritte Jugendliche weltweit schon einmal digitales Mobbing erlebt hat.

KAPITEL 15

DIE REALEN SCHÄDEN DES VIRTUELLEN MOBBING

DIE FOLGEN VON CYBERMOBBING DÜRFEN NICHT UNTERSCHÄTZT WERDEN

Dank der Aufmerksamkeit, die das Thema Cybermobbing in den letzten Jahren erfahren hat, sowie der Arbeit von Vereinen und Institutionen, die die Öffentlichkeit dafür sensibilisiert haben, liegt heute einiges an wissenschaftlicher Literatur vor. So wissen wir heute, welche Schäden es bei Gemobbten anrichtet und mit welcher Dynamik es wirkt.

Die Opfer von Mobbing und von Cybermobbing ähneln einander so sehr, dass wir versuchen können, ein Phantombild zu zeichnen. Es handelt sich um Menschen, die oft wegen körperlicher oder ästhetischer Merkmale angegriffen und Objekt unangenehmer Kommentare werden: Größe, Gewicht, ein kleiner kosmetischer Makel, Frisur oder Haarfarbe – eher unwichtige Details, die dank der Aufmerksamkeit des Mobbenden und seiner Clique plötzlich zum einzigen Aspekt werden, der die Identität des Opfers bestimmt und es ihnen scheinbar unterlegen macht. Da es eine willkürliche Wahl ist, kann jede und jeder Mobbingopfer werden, vielleicht weil er oder sie schüchtern oder nicht so gut in ein soziales Gefüge integriert ist. Viele Jugendliche berichten, aufgrund ihrer Hobbys und Interessen, die als »falsch« betrachtet werden, Opfer von Cybermobbing zu sein: zum Beispiel wer lieber geistige Aktivitäten wie Schachspielen oder Rollenspiele macht, statt Sport zu treiben. Auch schulische Leistungen können Grund für Mobbing sein: Wenn sie zu gut sind oder zu schlecht, rücken sie ins Zentrum der Aufmerksamkeit eines Mobbenden. Schließlich gibt es echte Diskriminierung wegen der Ethnie, der Religion oder dem Geschlecht: Jugendliche, die sich als schwul outen, aus Familien mit einer anderen als der vorherrschenden Religion kommen oder Behinderungen haben, geben in zahlreichen Studien an, dass sie in viel höherem Maße Opfer von Mobbing sind als ihre Altersgenossen, die diese Merkmale nicht aufweisen. Wir können also sehen, dass Mobbing und seine Cyber-Variante mit Strategien organisierter Gewalt arbeitet, gegen Menschen, die sich nicht angemessen verteidigen können. Es handelt sich also um völlig asymmetrische »Konfrontationen« hinsichtlich der eingesetzten Kräfte und der Dynamik, deren Folgen vorhersehbar sind.

Nachdem wir die Opfer betrachtet haben, wenden wir uns nun den Tätern zu. Der Cybermobber bzw. die Cybermobberin, aber auch der Mobber in der realen Welt, mobbt für gewöhnlich, um durch die ausgeübte Gewalt Respekt und Kontrolle über eine soziale Gruppe zu gewinnen, beispielsweise eine Gruppe von Freunden oder eine Schulklasse. Es gibt allerdings auch hier einen wichtigen Unterschied zwischen Mobbing und Cybermobbing: Während Ersteres immer vorsätzlich ist und körperliche Gewalt beinhaltet, kann Letzteres auch außerhalb der Kontrolle des Mobbers geschehen. Eine Handlung, die in erster Linie auf Sprache basiert, birgt die Gefahr von Missverständnissen: Ein Witz in sozialen Netzwerken, der vielleicht übertrieben ist, aber gepostet wurde, ohne verletzen zu wollen, kann genauso viel Schaden verursachen wie eine absichtliche Beleidigung. Deshalb haben Reaktionen oder das Ausbleiben von Reaktionen derjenigen, die das Geschehen beobachten, einen großen Einfluss auf diese Dynamik und können dazu beitragen, sie zu legitimieren oder nicht. Das Weiterleiten eines Videos, in dem jemand gehänselt wird, das Teilen eines giftigen Witzes, das Mitwirken an der Verbreitung von Klatsch und Tratsch im Netz sind keine neutralen Handlungen: Auch dies sind Akte des Cybermobbings. Es mag unbeabsichtigt sein oder nicht verstanden werden, aber es verursacht trotzdem Schaden. Diese Schäden dürfen nicht unterschätzt werden, sie müssen in ihrer ganzen Schwere aufgedeckt und benannt werden. Die Ditch-the-Label-Studie zeigt, dass eines von drei Opfern von Cybermobbing soziale Ängste und Depressionen entwickelt, eines von vier so weit geht, sich selbst zu verletzen, eines von zehn Essstörungen wie Magersucht und Bulimie entwickelt oder von zu Hause wegläuft, und acht von hundert flüchten sich in Alkohol und Drogen. Und schließlich sind Fälle von Selbstmord bei Jugendlichen im Zusammenhang mit Cybermobbing in den internationalen Nachrichten leider keine Seltenheit mehr.

DIE RACHE DES OPFERS

Ein Mobber hat unter anderem das Ziel, das Selbstwertgefühl seines Opfers zu zerstören, ihm das Gefühl zu geben, nichts wert zu sein, es psychologisch zu vernichten. Kinder, denen das widerfährt, verlieren oft jegliches Selbstvertrauen und fangen an zu glauben, dass sie Versager seien. Aber es ist ein Zustand, gegen den man sich wehren kann, wie folgende wahre Geschichte zeigt. Während ihrer College-Zeit wurde eine junge, unbekannte New Yorker Künstlerin Protagonistin einer geheimen Facebook-Gruppe mit dem Titel: »Stefani Germanotta, du wirst nie berühmt sein«, samt Foto und einem schwarzen Kreuz und den Worten »kein Talent«. Innerhalb dieser Gruppe teilten zwölf Jungen Gedanken und Fotos von Stefani und giftigen Kommentaren darüber, dass Germanotta die Aufmerksamkeit von anderen suche oder sie grundlos beleidige. Stefani Germanotta ist heute unter ihrem Künstlernamen Lady Gaga bekannt und eine der berühmtesten Sängerinnen der Welt. Sie hat achtundzwanzig Millionen Alben verkauft, über eine halbe Milliarde Dollar durch ihre Tourneen eingenommen und einen Oscar, elf Grammys, zwei Golden Globes, dreizehn MTV Video Music Awards gewonnen und dreizehn Guinness World Records gehalten. Keine schlechte Rache für das Mädchen, das »niemals berühmt sein wird«.

Scene
535
level
1
Next

KAPITEL 16

KEIN LUSTIGES SPIEL

DIE TÄTER DRINGEN SOGAR IN ONLINE-VIDEOSPIELE EIN

Das typische Bild eines Mobbingopfers ist ein nerdiger Junge mit großen Ohren und einer Leidenschaft für Videospiele. In Zeiten des Cybermobbings erstaunt es nicht, dass die Welt der Videospiele ebenfalls ein virtueller Ort ist, an dem es sein Unwesen treibt, und zwar mit größter Gewalt.
Das schnelle Internet hat Online-Gaming viel einfacher und zugänglicher gemacht. Die Zahl der Spiele mit Multiplayer-Komponente ist praktisch unendlich, die Qualität und Vielfalt ist im Laufe der Zeit gewachsen und hat das Geschäft mit einigen der höchsten Wachstumsraten in der Unterhaltungsindustrie befeuert. Phänomene wie

Fortnite, *Overwatch* und *Apex Legends*, historische Sagas wie *Call of Duty* und *Battlefield* oder die komplexeren *League of Legends* und *Dota 2* sind nur einige der Videospiele, die Millionen von Spielern aus der ganzen Welt angezogen haben. Und wie immer gibt es unter ihnen auch solche Menschen, die ihre Zeit nicht nur einsetzen, um Spaß zu haben und ihre Gegner zu übertreffen, sondern deren Leben zu ruinieren. Laut einer britischen Studie bezieht sich ein Viertel der Kinder, die sagen, dass sie Opfer von Cybermobbing geworden sind, auf virtuelle Spielplätze.

Diese Art von Cybermobbing kann verschiedene Formen annehmen. Nehmen wir zum Beispiel die *Shooter*-Spiele, in denen Charaktere mit Schusswaffen ausgestattet sind: Die Spieler treten gegeneinander oder in Teams an und koordinieren sich per Video-Chat wie ein echtes militärisches Team. Die adrenalingeladene Action auf der einen Seite und der Macho-Geist mancher Gaming-Communities auf der anderen Seite führen dazu, dass diese Chats oft zum Schauplatz schlimmster Ausbrüche sind, bei denen Beleidigungen und Drohungen schnell zur Norm werden. Eine Studie der Ohio University aus dem Jahr 2013 analysierte den Multiplayer-Modus des Xbox-Titels *Halo 3*: In einem Fall verwendeten die Forscher eine weibliche Stimme, um sich anderen Spielern vorzustellen, im anderen Fall eine männliche. Es stellte sich heraus, dass die Stimme einer Frau ausreicht, um dreimal so viele beleidigende Nachrichten zu erhalten. Auf ein unverfängliches »Hallo zusammen« folgt manchmal sofort ein »Halt die Klappe, Schlampe«. Weitere Studien haben eine Korrelation zwischen Beleidigungen und schlechten Leistungen im Spiel festgestellt; es sind die weniger geübten und frustrierten Spieler, die Schimpfwörter benutzen, vielleicht in der Hoffnung, dass ihre mittelmäßigen Leistungen unbemerkt bleiben.

Frauen gehören zu den Hauptopfern dieses Cybermobbings, auch weil sie als Fremdkörper wahrgenommen werden. Statistiken belegen deutlich, dass Hardcore-Gamer, also diejenigen, die viel Zeit vor ihrem PC oder ihrer Konsole verbringen, überwiegend Männer sind. Die kompetitive eSports-Szene liefert denselben Befund: Unter den ersten fünfhundert Profispielern, gemessen an den gewonnenen Preisen, befindet sich nur eine einzige Frau, und zwar auf Platz 300. Diese Macho-Tendenz findet sich leider auch in den vielen homophoben und rassistischen Beleidigungen wieder, die in Chats und Foren dieser Szene zu finden sind.

Mobbing ist in Videospielen so stark verbreitet, dass die Hersteller selbst Schwierigkeiten haben, es zu bekämpfen. Das liegt zum Teil daran, dass sie lange Zeit das Problem unterschätzt oder ignoriert haben, vermutlich aus Angst, ausgerechnet die fanatischsten aber auch treuesten ihrer Kunden zu verlieren. Heute haben alle wichtigen Spiele eingebaute Tools, um diese schädlichen Verhaltensweisen zu melden, oft begleitet von automatischen Algorithmen, die versuchen, diejenigen zu schützen, die einfach nur Spaß haben wollen. Doch wir sind noch weit von einer Lösung entfernt. Das zeigt auch ein spezieller Begriff, der für Spiele-Mobber erfunden wurde: ein *Griefer* (dt. »Leidverursacher«) ist jemand, der es darauf abgesehen hat, anderen das Spielerlebnis zu vermiesen, indem er sie grundlos beleidigt oder ihnen mit ständigen Störungen die Laune verdirbt. Auch zwischen Pixeln und dreidimensionalen Grafiken gibt es keinen Frieden.

DAS POSITIVE VIDEOSPIEL, DAS SOGAR DEM VATIKAN GEFÄLLT

Bei Videospielen denken Sie wohl an alles andere als den Vatikan und die katholische Kirche. Doch das Problem des Cybermobbings in Videospielen hat auch die kirchliche Welt beschäftigt. Im November 2019 eröffnete der Jesuitenpater Robert Ballecer, Spitzname »Digital Jesuit«, Assistent des Heiligen Stuhls für die neue Evangelisierung, den ersten Minecraft-Server des Vatikans, nachdem er seine mehr als zwanzigtausend Twitter-Follower um Rat gefragt hatte. Minecraft ist eines der meistverkauften Spiele und wird immer noch auf allen Plattformen am häufigsten gespielt: Hier können Spieler aus aller Welt zusammenarbeiten, um die Welt um sie herum zu gestalten, Würfel für Würfel. »Ich wollte einen Raum bieten, der weniger toxisch ist, in den ich Leute einladen kann, die kreativ sein wollen, und eine Umgebung schaffen, in der sich jeder ausdrücken und eine Beziehung aufbauen kann«, erklärte Ballecer in einem Interview. Der Minecraft-Server ist nicht nur für Katholiken oder Christen reserviert: Jeder kann eintreten und spielen, solange er die Regeln des zivilen Miteinanders respektiert. Wer das nicht tut, wird einfach rausgeschmissen.

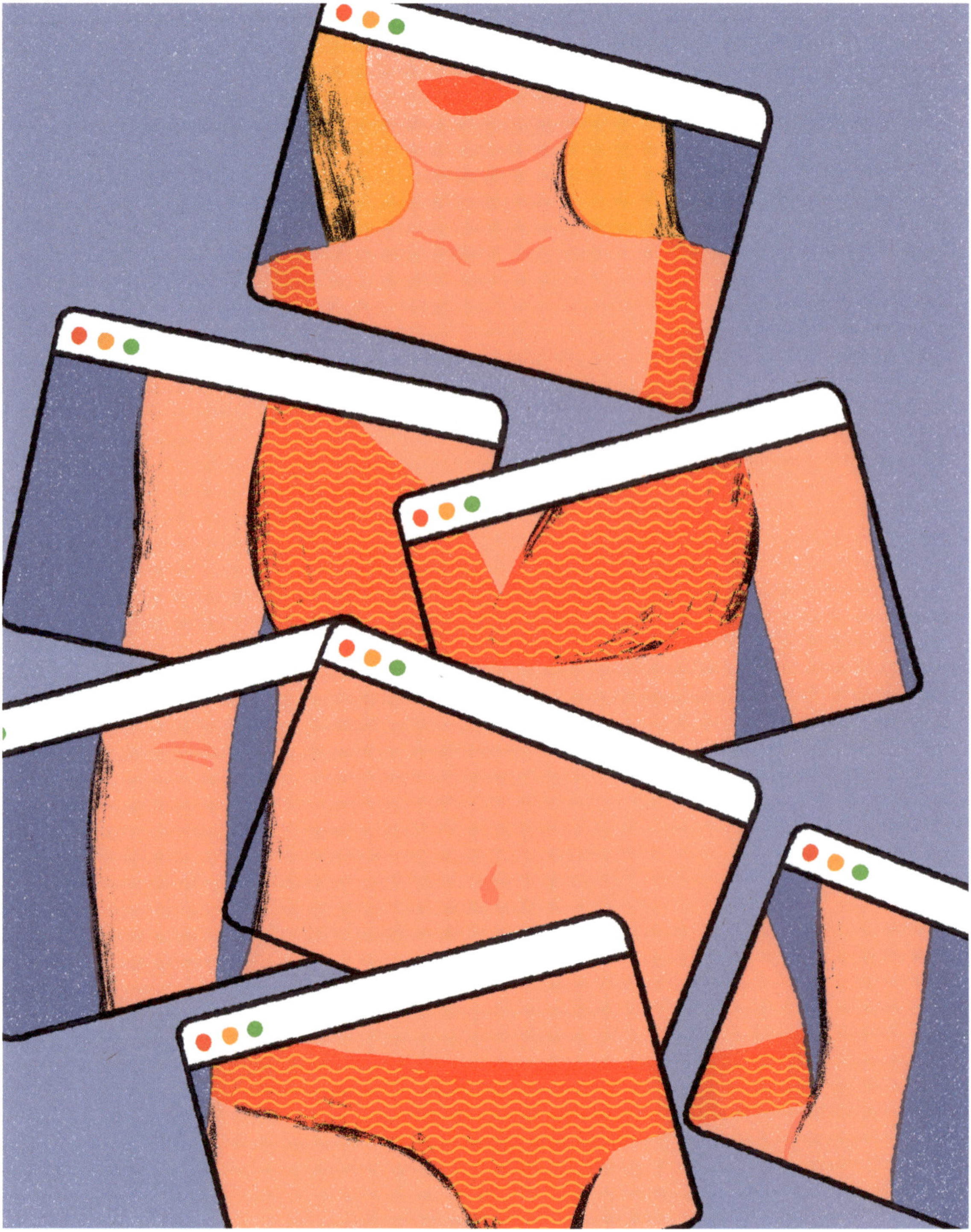

KAPITEL 17

ANGRIFF AUF DIE PRIVATSPHÄRE: DOXING UND RACHEPORNOS

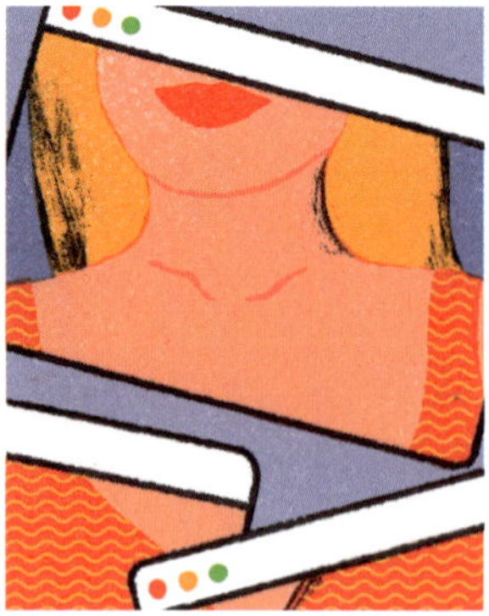

UNSERE INTIMSTEN INFORMATIONEN SIND IN GEFAHR

Eine unbequeme Wahrheit zu enthüllen, kann sehr gefährlich sein. Die Journalistin und Medienkritikerin Anita Sarkeesian hat das am eigenen Leib erfahren. 2012 war sie Autorin einer Serie von Videos, in denen sie aufzeigte, dass die Bildsprache von Videospielen zutiefst männerdominiert ist. Ihre Arbeit fand keinen Anklang bei dem Teil der Gaming-Community, der sich nicht eingestehen wollte, dass es hier ein Sexismus-Problem gibt. In der Folge wurde Sarkeesian in sozialen Netzwerken zur Zielscheibe von Drohungen, Beleidigungen und Belästigungen aller Art. Auch von einer Praxis namens *Doxing*. Diese Wortneuschöpfung leitet sich vom englischen *docs* (documents) ab und besteht darin, online private Informationen zu publizieren: Arbeit, Einkommen oder, im Falle der Journalistin, die Privatadresse.

Doxing ist in jeder Hinsicht eine Form von Cybermobbing, die als eine Form der Rache oder zwecks Einschüchterung von Journalisten und politischen Gegnern eingesetzt wird. Die sensiblen Informationen und Daten, die offengelegt werden, können die Sicherheit des Opfers gefährden oder seinen Ruf beeinträchtigen. Eine von der New York University Tandon School of Engineering durchgeführte Studie über mehr als 5000 Fälle zeigte, dass in 90 Prozent der Fälle die Adresse preisgegeben wurde, in etwa der Hälfte die Telefonnummer oder E-Mail-Adresse. Die Offenlegung von Kreditkartennummern, Sozialversicherungsnummern oder Finanzdaten etc. passiert eher seltener.

Die Praxis des Doxing hat ihren Ursprung im Internet und verbreitete sich zunächst als eine Form des digitalen Kampfes zwischen Gruppen von Hackern, die sich gegenseitig herausforderten, indem sie Informationen über Rivalen herausfanden und diese dann als Kriegstrophäe publik machten. Die Offenlegung privater Daten ist jedoch nicht immer durch schlechte Absichten motiviert. Es gibt eine Debatte über die Möglichkeit des »ethischen Doxing«, wenn diese Strategie aus »edlen« Gründen eingesetzt wird, um jemanden zu entlarven, der ein Verbrechen begeht (zum Beispiel die wahre Identität eines anonymen Haters oder Mobbers zu enthüllen). Die Grenze ist jedoch fließend und selbst die besten Absichten können zu Katastrophen führen. Im Jahr 2013 versuchte die Reddit-Community, die Identität des Bombenlegers herauszufinden, der beim Boston-Marathon drei Menschen tötete und mehr als zweihundertfünfzig verletzte. Man glaubte, ihn durch den Vergleich von Fotos mit Kamerabildern vom Ort des Attentats gefunden zu haben. Der Name des Verdächtigen wurde öffentlich bekannt: Es handelte sich um einen Jungen, der seit mehreren

Wochen vermisst und von seinen Eltern gesucht wurde. Die Identifizierung wurde von verschiedenen Journalisten bestätigt, erwies sich aber später als völlig falsch: Der junge Mann, der an Depressionen litt, wurde tot aufgefunden, wahrscheinlich beging er Selbstmord. Doch tagelang waren die Eltern Angriffen und Drohungen ausgesetzt, wegen dem, was ihr Sohn angeblich getan haben sollte.

Eine besondere üble Kategorie des Doxing ist der Racheporno, also das Verbreiten intimer Aufnahmen wie Nacktfotos oder von expliziten sexuellen Handlungen gegen den Willen oder ohne das Wissen der betroffenen Person. Der Name leitet sich von dem »Rache«-Charakter ab, der die meisten dieser Aktionen motiviert. Bei den Opfern handelt es sich fast ausschließlich um Frauen und bei den Tätern meistens um ihre Ex-Männer oder Ex-Freunde, die deren Ruf nach dem Ende der Beziehung zerstören wollen. Auch viele Prominente aus der Unterhaltungsbranche sind Opfer von Rachepornos geworden. Genau wie Doxing ist auch Racheporno eine strafbare Handlung, und in vielen Ländern wurden strenge Vorschriften zur Bekämpfung festgelegt.

Leider haben diese Gesetze die Ausbreitung nicht gestoppt und Rachepornos haben in einigen Fällen sogar zum Selbstmord der bloßgestellten Opfer geführt. Die Kanäle, über die solche Inhalte verbreitet werden, sind vielfältig und reichen von Messenger (mit denen ein Video an den Freundes- und Bekanntenkreis des Opfers gesendet werden kann) bis hin zu speziellen Portalen, die die Anonymität derjenigen schützen, die die Inhalte hochladen. Diese Seiten werden von Nutzern frequentiert, die auch bereit sind, für Sexfotos und -videos zu bezahlen, die ohne das Wissen der Protagonisten geteilt werden. Sie nähren ein ungesundes Geschäft, das skrupellosen Menschen riesige Gewinne auf Kosten ihrer Opfer garantiert.

ICH HETZE DIR DIE POLIZEI AUF DEN HALS

Wie gefährlich Doxing und die Preisgabe der Adresse sein kann, zeigt ein Phänomen, das eine Folgeerscheinung sein kann: *Swatting*. Der Begriff leitet sich von dem Wort Swat ab, der Spezialeinheit der US-Polizei, und bezeichnet die Praxis, Strafverfolgungsbehörden mit einer erfundenen Bedrohung zu alarmieren, damit sie bei jemandem zu Hause einschreiten. Auch wenn es auf den ersten Blick wie ein harmloser Scherz erscheinen mag, ist Swatting nicht zu unterschätzen. Dies zeigt eine Tragödie, die sich 2017 in Wichita, Kansas, ereignete. Ein Telefonanruf bei der Polizei meldete einen Geiselnehmer in einem Haus, worauf die Einsatzkräfte vor Ort eingriffen und einen Mann töteten. Allerdings war der Notruf von Tyler Barriss aus Los Angeles (mehr als zweitausend Kilometer von Wichita entfernt) abgesetzt worden, der die ganze Geschichte erfunden hatte. Er wollte sich für einen Streit rächen, der in einem Videospiel entstanden war. Barriss hatte sich als Kidnapper ausgegeben, der im Begriff war, ein Haus mit allen Geiseln darin in Brand zu setzen. Er gab eine falsche Adresse des Opfers an, das er bestrafen wollte, und verursachte dadurch den Tod einer Person, die gar nichts mit dem Streit zu tun hatte. Wie sich bei den Ermittlungen herausstellte, hatte Barriss bereits 51 Mal Swatting eingesetzt und falschen Bombenalarm ausgelöst. Er wurde deshalb zu zwanzig Jahren Gefängnis verurteilt.

Selbst wenn es nicht zum Tod von Personen führt, bleibt Swatting illegal. In einigen Ländern gilt es als eigenständige Straftat, in anderen fällt es unter die Straftatbestände »Falscher Alarm« und »Behinderung der Justiz«.

KAPITEL 18

PERSÖNLICHER AKTIONSPLAN GEGEN CYBER-MOBBING

CYBERMOBBING ERKENNEN UND BEKÄMPFEN

Bei Cybermobbing besteht die Gefahr, dass der Täter nie gemeldet und angezeigt wird. Das Opfer schweigt vielleicht, weil es sich isoliert fühlt oder das Vertrauen fehlt, dass andere ihm helfen. Mitwisser wiederum greifen aus Angst vor Vergeltung oft lieber nicht ein oder verstehen nicht, was vor sich geht. Hier einige Tipps zum Erkennen und zur effektiven Bekämpfung von Cybermobbing für all diejenigen, die Opfer geworden sind oder betroffenen Opfern helfen wollen.

Prävention ist wichtig

Lerne, die digitalen Tools richtig anzuwenden: Diese sollten nicht verteufelt werden. Vielmehr müssen sie verantwortungsvoll eingesetzt werden und ihre Gefahren müssen bekannt sein.

Teile und versende keine Fotos und sensible Daten, die eines Tages als Waffe gegen dich verwendet werden könnten, vor allem solche mit sexuellem Inhalt.
Schütze deine Privatsphäre im Netz, wähle sichere Passwörter aus, nimm keine Anfragen von Fremden an. Begrenze den Personenkreis, der deine Inhalte einsehen kann.
Beteilige dich nicht an Unterhaltungen, die jemandem schaden sollen und leite diese auch nicht weiter.
Lass dich online nicht provozieren: Oft ist es genau das, was Cybermobbing will. Warte ab und denke gut darüber nach, ob und wie du auf eine Provokation reagierst. In den meisten Fällen empfiehlt es sich, abzuwarten und gar nicht zu antworten.

Was tun, wenn du als Jugendlicher Opfer von Cybermobbing bist?

Blockiere den Mobbenden online: Alle Messenger und sozialen Netzwerke verfügen über Möglichkeiten zu verhindern, dass dir jemand Nachrichten sendet oder von dir veröffentlichte Inhalte sehen kann. Auf diesen Plattformen ist es auch möglich, unangemessenes Verhalten zu »melden« und die Schließung eines Mobber-Accounts zu bewirken.
Sprich darüber mit Eltern und Lehrern: Oder, wenn nötig, mit Psychologen, Hausärzten oder wähle eine Notrufnummer. Es gibt viele Menschen, die eine spezielle Ausbildung erhalten haben, um dieses Phänomen zu bekämpfen.
Nimm Hilfe von außen an: Leider glauben viele, dass man diese Probleme allein bewältigen muss oder dass wir »keine Verräter« sein dürfen. Das ist ein Irrtum, denn bei Cybermobbing ist es absolut notwendig, sich frühzeitig an oben genannte Menschen zu wenden.
Dokumentiere, was passiert, indem du Chats speicherst oder Screenshots von Beleidigungen oder konkreten Bedrohungen

machst. Das kostet zwar etwas Mühe, stärkt aber bei Rechtsfällen die Faktenlage, da du beweisen kannst, was passiert ist.
Melde, was passiert ist. Falls erforderlich, zeige die Tat, vielleicht mit Hilfe eines Erwachsenen, bei der Polizei an. Cybermobbing ist eine Gewalttat und in den meisten Ländern eine Straftat, die vom Gesetz geahndet wird. Darüber hinaus gibt es Programme zur Sensibilisierung und zur Bekämpfung des Phänomens.

Was tun, wenn jemand in deinem Umfeld Opfer von Cybermobbing ist?

Zuerst musst du erkennen, dass jemand Opfer von Cybermobbing geworden ist. Auch wenn wir nicht dabei waren, können uns einige Anzeichen alarmieren: ein auffälliger Anstieg oder eine Verringerung der Nutzung von Kommunikationsmitteln, das Löschen eines Profils in sozialen Netzwerken, generelle Interesselosigkeit, Apathie, Depressionen.
Wenn diese Anzeichen auftreten, sind weitere Nachforschungen wichtig, indem man die betroffene Person befragt und die Details des Falls genau zu rekonstruieren versucht.
Wenn es sich um Cybermobbing handelt, dokumentiere so präzise wie möglich, um Beweise zu sammeln: Mache Screenshots vom Chat, speichere Links zu den heikelsten Unterhaltungen.
Melde die Vorfälle an die entsprechenden Stellen: der Schulleitung, wenn die Schule beteiligt ist, den sozialen Plattformen mit entsprechenden Meldevorrichtungen, der Polizei, wenn es bereits heftigere Konsequenzen gibt.
Unterstütze das Opfer, indem du zuhörst, was passiert, ohne ihm die Schuld zu geben, und evtl. auch dadurch, dass du bei digitalen Unterhaltungen in seinem Namen eingreifst und Stellung beziehst.

DER TEUFELSKREIS DER GEWALT

Mobbing und Cybermobbing können gewissermaßen mit einer Krankheit verglichen werden: Sie verursachen Schmerzen und sind »ansteckend«. Bei Opfern von Mobbing ist die Wahrscheinlichkeit höher, dass sie selbst gewalttätig werden. Eine Studie der American Academy of Pedriatics im Jahr 2016, durchgeführt bei zufällig ausgewählten Jugendlichen zwischen zehn und siebzehn Jahren, ergab, dass über ein Drittel der Jugendlichen, die traditionellem Mobbing oder Cybermobbing ausgesetzt waren, anschließend ebenfalls aggressives Verhalten zeigte: verbale Beleidigungen, körperliche Übergriffe auf Menschen, Vandalismus. In vielen Fällen lernen die Opfer von Cybermobbing die Techniken aus erster Hand und wenden sie schließlich ihrerseits auf andere Personenen an, wodurch eine Kettenreaktion ausgelöst wird. Das ist wie bei einem Schneeball, der einen Abhang hinunterrollt und sich Schritt für Schritt in eine Lawine verwandelt. Außerdem hört die Ansteckung, von der wir gesprochen haben, nicht beim Opfer und beim Täter auf, sondern betrifft auch die Zuschauer, die zusehen ohne zu handeln. Diese Menschen leben in einem Zustand der Furcht und sozialen Angst, der sie oft zu Gleichgültigkeit und mangelnder Empathie gegenüber den Opfern erzieht – eine weitere, sehr beunruhigende Nebenwirkung der verschiedenen Formen von Mobbing.

WEBSITES

Websites zum Thema FakeNews & Faktencheck

https://reporterslab.org/fact-checking/
https://faktencheck.zlb.de
https://correctiv.org/
https://www.volksverpetzer.de
https://www.hoaxsearch.com
https://www.dpa.com/de/unternehmen/faktencheck
https://www.newsguardtech.com/de/

Websites zum Thema Cybermobbing und Internet-Hass

https://www.cybermobbing-hilfe.de
https://www.juuuport.de/beratung
https://www.nummergegenkummer.de
https://www.buendnis-gegen-cybermobbing.de
https://www.jugendundmedien.ch/themen/cybermobbing
https://hateaid.org

LITERATUR

Die Themen in diesem Buch sind weitreichend, oft komplex und stehen im Mittelpunkt der Aufmerksamkeit der Medien und wissenschaftlicher Debatten. Es ist daher recht einfach, sich in den zahlreichen verfügbaren Quellen zu verlieren. Ein Leitfaden kann nützlich sein, sowohl um den Stand der Technik zu kennen als auch um über die aktuellen Diskussionen auf dem Laufenden zu bleiben.

Wenn wir über Fake News sprechen, können wir das Werk von Claire Wardle nicht ignorieren, Direktorin der NGO First Draft und Autorin der Studie »Information Disorder«, eine der vollständigsten und sorgfältigsten Arbeiten zum Phänomen der Fehlinformation. Sie ist in der Lage, die Mechanismen und Agenten der Produktion und Verbreitung falscher Informationen zu umreißen, und geht auch so weit, Vorschläge zu machen und wahrscheinliche Zukunftsszenarien vorzustellen. Der 110 Seiten lange Bericht »Information Disorder: Toward an Interdisciplinary Framework for Research and Policy Making« in englischer Sprache kann kostenlos auf der Webseite des Europarats unter der Adresse coe.int/en/web/freedom-expression/information-disorder abgerufen werden.

Auch die Webseite von **First Draft**, firstdraftnews.org, die in fünf Sprachen verfügbar ist, verdient es, als Lesezeichen gespeichert zu werden, besonders von denen, die sich für den Beruf des Journalisten interessieren. Unter der Rubrik »Training« sind verschiedene Kurse mit einigen Video-Lektionen verfügbar, die Werkzeuge und nützliche Tipps zur Überprüfung von Nachrichten im Netz bereitstellen.

Auch zum Thema Fake News: Eines der vollständigsten Archive ist die amerikanische Webseite für den Faktencheck, **Snopes**, seit 1994 in Betrieb und in der Lage, zehntausende Hoaxes (mit entsprechendem »Debunking«) unterteilt nach Kategorien und Typen zu sammeln, unter snopes.com/archive.

Für diejenigen, die hingegen Material in der eigenen Sprache suchen, empfiehlt sich der Besuch des Portals **International Fact-Checking Network**, ein Konsortium, das die besten Medien- und Technologieunternehmen der Welt zusammenbringt, die sich dem Faktencheck widmen, und nach den Mitgliedern in ihrem eigenen Land zu suchen. Sie können dies unter folgender Adresse tun: ifcncodeofprinciples.poynter.org/signatories.

Das »**Museum of Hoaxes**« ist hingegen eher von historischer Natur. Online wie ein echtes Museum konzipiert, enthält es Tausende von Hoaxes und urban Legends, die in verschiedenen historischen Epochen seit dem Mittelalter bis heute berühmt geworden sind. Es ist unter der Adresse hoaxes.org erreichbar.

Im Mittelpunkt eines ambitionierten Projekts des **Büros der Vereinten Nation für die Prävention von Völkermord** steht das Problem der »Hater« und der Hassreden. Die Richtlinien der Operation zur Bekämpfung dieses Phänomens, von der UNO bewertet als »Vorläufer der letzten 75 Jahre grausamer Verbrechen einschließlich ethnischer Säuberungen in Ruanda, Bosnien und Kambodscha«, finden Sie (übersetzt in 6 Sprachen) unter der Adresse un.org/en/genocideprevention/hate-speech-strategy.shtml. Sie zeigen, dass auch die Beleidigungen in den sozialen Netzwerken, ausdrücklich in den Dokumenten der UNO erwähnt, das erste Stück in einer Tragödie für die gesamte menschliche Spezies werden können. Wer seine Kenntnisse zum Thema Cybermobbing vertiefen möchte, zu den Dynamiken hinter diesem Phänomen und den wichtigsten Methoden seiner Bekämpfung, für den sind die von Regierungen und von Institutionen finanzierten Programme am besten geeignet. Eine erste Annäherung kann folglich der Besuch der von Institutionen oder von Polizeikräften in Ihrem eigenen Land eingerichteten Seite sein. Auf internationaler Ebene lohnt sich ein Besuch des amerikanischen Programms **stopbullying.gov**, in einfacher Weise strukturiert, um die nützlichsten Informationen den jungen Opfern von Cybermobbing, ihren Eltern und Lehrern oder Beobachtern zugänglich zu machen. Unter den interessantesten Inhalten finden sich Verweise auf Untersuchungen, die die Wirkung der unterschiedlichen Formen von Mobbing unter den Kleinsten und die besten Strategien zur Prävention aufzeigen, um das Problem zu verhindern.

»SO ETWAS WIE RASSE GIBT ES NICHT. ES GIBT NUR DIE MENSCHLICHE RASSE (...) RASSISMUS IST EIN SOZIALES KONSTRUKT.«

TONI MORRISON

128 Seiten, Fadenheftung, Klappenbroschur
Euro 14.90 (D) | Euro 15.70 (A) | sFr. 22.00
ISBN: 978-3-03876-546-2

www.midas.ch

»NUR DIE DEMOKRATIE UND DIE WISSENSCHAFT SOWIE DAS WOHLWOLLEN DER NATIONEN UNTEREINANDER KÖNNEN UNS RETTEN.«

GRETA THUNBERG

128 Seiten, Fadenheftung, Klappenbroschur

Euro 12.90 (D) | Euro 13.50 (A) | sFr. 18.00

ISBN: 978-3-03876-162-4

www.gretabuch.de